与四季交谈

◎总 主 编：张忠义

◎本书主编：别必林

花山文艺出版社

图书在版编目(CIP)数据

与四季交谈:体验四季 / 别必林主编. – 石家庄:花山文艺出版社, 2005.4(2021.5 重印)

("读·品·悟"体验阅读系列 / 张忠义主编)

ISBN 978-7-80673-571-8

Ⅰ.①与... Ⅱ.①别... Ⅲ.①语文课—课外读物

Ⅳ.①G634.303

中国版本图书馆 CIP 数据核字(2005)第 008108 号

丛 书 名:体验阅读系列
总 主 编:张忠义
书　　 名:与四季交谈(体验四季)
主　　 编:别必林

策　　 划:张采鑫
责任编辑:于怀新
特约编辑:李文生
责任校对:李　鸥
全案设计:北京九洲鼎图书有限公司
出版发行:花山文艺出版社(邮政编码:050061)
　　　　　(河北省石家庄市友谊北大街 330 号)
销售热线:0311-88643221
传　　 真:0311-88643234
印　　 刷:永清县晔盛亚胶印有限公司
经　　 销:新华书店
开　　 本:710×1000　1/16
印　　 张:9.5
字　　 数:170 千字
版　　 次:2005 年 4 月第 1 版
　　　　　2021 年 5 月第 4 次印刷
书　　 号:ISBN 978-7-80673-571-8
定　　 价:35.00 元

目 录

春天的微笑

刘大杰 ······ 成都的春天(3)

小 思 ······ 杏花春雨江南(5)

庞 培 ······ 早春(6)

董敬贵 ······ 春雨(8)

张晓恩 ······ 繁春落叶(9)

丰子恺 ······ 春(11)

思 果 ······ 春至(13)

王春鸣 ······ 走吧!到春天去(15)

梁遇春 ······ 春雨(17)

陶斯圆 ······ 早春二月(19)

许地山 ······ 春的林野(20)

[黎巴嫩]纪伯伦 ······ 春(22)

施蛰存 ······ 雨的滋味(节选)(23)

庐 隐 ······ 窗外的春光(25)

王春鸣 ······ 站在春天的边缘(27)

刘绍棠 ······ 思,在百草园(28)

郁 风 ······ 又到江南赶上春(30)

杨福仁 ······ 怀念春天(32)

杨武 王军 ································· 春韵(组诗)(33)

庄 因 ····································· 春愁(35)

涂志摩 ··· 春(38)

佚 名 ································· 春天的乡愁(39)

臧克家 ··································· 春鸟(41)

夏 日 情 怀

梁容若 ····································· 夏天(45)

吴其敏 ····································· 萤火(47)

佚 名 ··································· 夏之绝句(48)

苏 叶 ··································· 夏日一页(51)

梁 衡 ····································· 夏感(53)

伊 凡 ··································· 宁静的夏(54)

(台湾)余光中 ······················· 西欧的夏天(56)

[美]布罗斯 ··················· 夏天的到来(节选)(58)

涂志摩 ················· 北戴河海滨的幻想(节选)(59)

叶灵凤 ····················· 夏天的花(节选)(61)

[美]洛威尔 ······························· 夏天(62)

叶倾城 ··································· 初夏(节选)(63)

斯 妤 ····························· 小窗日记(节选)(65)

[日]吉江乔松 ··············· 绿叶森林的夜(节选)(67)

陈宰蕙 ··································· 流萤如线(68)

[美]怀 特 ······························· 再到湖上(70)

毛 毛 ····································· 夏季风(75)

朱自清 ································· 扬州的夏日(76)

李栋梁 ··························· 夏日原野上的追赶(79)

王春鸣 ································· 八月的乡村(81)

天凉好个秋

鲁　迅 ………………………………… 秋夜(85)

杜运燮 ………………………………… 秋(86)

刘增山 ………………………………… 秋魂(88)

郁达夫 ………………………………… 故都的秋(91)

林文月 ………………………………… 关于秋天(93)

金耀基 ………………………………… 探秋(97)

曹国瑞 ………………………………… 秋荷(99)

陈薇莉 ………………………………… 两片秋叶(100)

宗　璞 ………………………………… 秋韵(102)

丽　尼 ………………………………… 秋夜(104)

林海音 ………………………………… 秋的气味(105)

林语堂 ………………………………… 秋天的况味(107)

张　默 ………………………………… 噢！那秋(108)

张晓风 ………………………………… 秋天·秋天(110)

朵　拉 ………………………………… 芒草花田(113)

郭　辉 ………………………………… 情寄深秋(115)

裴玉兰 ………………………………… 秋风车动我心(116)

[前苏联]巴乌斯托夫斯基 …………… 面向秋野(117)

叶圣陶 ………………………………… 没有秋虫的地方(123)

杨　炼 ………………………………… 秋天(125)

流星子 ………………………………… 秋天的重量(126)

冬日恋歌

孙树华 ………………………………… 跨过严冬(129)

谢志舟 ………………………………… 南国的雪(130)

郁　风 ………………………………… 冬日抒情(131)

小　思 ………………………………… 冬阳(133)

梁　衡 ………………………………… 冬日香山(134)

迟子建 ························· 冰灯(136)

何锦玲 ························· 冬天的梦呓(138)

毛志成 ························· 雪之梦(140)

魏朝卿 ························· 感悟冬天(142)

郁达夫 ························· 江南的冬景(143)

　　睁开冬天酣睡的眼睛一瞧，哟，春在前方微笑。

　　柳芽咬碎了冬天的包裹，萌动了；麦苗仰起泥染的脑袋，拔节了；竹笋挣脱严寒的束缚，冒尖了；花瓣启开温馨的心窗，绽放了……

　　啊，春撕破了灰蒙蒙的冬，走来了。

春天的微笑

春天的心如草的荒芜
随便地踏出门去
美丽的东西到处可以捡起来
少女的心情是不能说的
天上的雨点常是落下
而且不定落在谁的身上
路上的行人都打着雨伞
车上的邂逅多是不相识的
含情的眼睛未必是为着谁
潮湿的桃花乃有胭脂的颜色
水珠斜打在玻璃车窗上
江南的雨天是爱人的

成都的春天

◆刘大杰

> 一丛小竹的旁边,栽着几树桃,绿梅的旁边衬着红梅,蔷薇的附近,植着橙柑。

　　成都的天气,热的时候不过热,冷的时候不过冷,水分很多,阴晴不定,宜于养花木,不宜于养人。因此,住在成都的人,气色没有好的,而花木无一不好。在北平、江南一带看不见的好梅花,成都有,在外面看不见的四五丈高的玉兰,两三丈高的夹竹桃,成都也有。据外国人说,成都的兰花,在300种以上。外面把兰花看重得宝贝一样,这里的兰花,真是遍地都是,贱得如江南一带的油菜花,3分钱买一大把,你可以插好几瓶。从外面来的朋友,没有一个人不骂成都的天气,但没有一个人不爱成都的花木。

　　成都这城市,有一点儿京派的风味。栽花种花,对酒品茗,在生活中占了很重要的一部分。一个穷人家住的房子,院子里总有几十株花草,一年四季,不断地开着鲜艳的花。他们都懂得培植,懂得衬贴。一丛小竹的旁边,栽着几树桃,绿梅的旁边衬着红梅,蔷薇的附近,植着橙柑。这种衬贴扶持,显出调和,显出不单调。

　　成都的春天,恐怕要比北平江南早一月到两月吧。2月半到3月半,是梅花盛开的时候,街头巷尾,院里墙间,无处不是梅花的颜色。绿梅以清淡胜,朱砂梅以娇艳胜,粉梅则品不高,然在无锡梅园苏州邓尉所看见的,则全是这种粉梅也。"疏影横斜水清浅,暗香浮动月黄昏",林和靖先生的诗确是做得好,但这里的好梅花,他恐怕还没有见过。碧绿、雪白,粉红,朱红,各种各样的颜色,配合得适宜而又自然,真配得上"香雪海"那三个字。

　　现在是3月底,梅兰早已谢了,正是海棠玉兰桃杏梨李迎春,各种花木争奇斗艳的时候。杨柳早已拖着柔媚的长条,在百花潭浣花溪的水边悠悠地飘动,大的鸟小的鸟,颜色很好看,不知道名字,飞来飞去地唱着歌。薛涛林公园也充满了春意,有老诗人在那里吊古,有青年男女在那里游春。有的在吹箫唱曲,有的在垂钓弹筝,这种情味,比起西湖上的风光,全是两样。

　　花朝,是成都花会开幕的日子,地点在南门外十二桥边的青羊宫。花会期有一个月,这是一个成都青年男女解放的时期。花会与上海的浴佛节有点相像,不过成都的是以卖花为主,再辅助着各种游艺与各地的出产。平日我们在街上不容易看到艳妆的妇女,到这时候,成都人倾城而出,买花的,卖花的,看人的,被人看的,摩

3

肩擦背,真是拥挤不堪。高跟鞋,花裤,桃色的衣裳,卷卷的头发,五光十色,无奇不有,与其说是花会,不如说是成都人展览会。好像是闷居了一年的成都人,都要借这个机会来发泄一下似的,醉的大醉,闹的大闹,最高兴的,还是小孩子,手里抱着风车风筝,口里嚼着糖,唱着回城去,想着古人的"无人不道看花回"的句子,真是最妥当也没有的了。

到百花潭去走走,那情境也极好。对面就是工部草堂,一只有篷顶的渡船,时时预备在那里,你摇一摇手,他就来渡你过去。一潭水清得怪可爱,水浅地方的游鱼,望得清清楚楚,无论你什么时候去,总有一堆人在那里钓鱼,不管有鱼无鱼,他们都能忍耐地坐在那里,谈谈笑笑,总要到黄昏时候,才一群一群地进城。堤边十几株大杨柳,垂着新绿的长条,尖子都拂在水面上,微风过去,在水面上摇动着美丽的波纹。

没有事的时候,你可以到茶馆里去坐一坐。茶馆在成都真是遍地都是,一把竹椅,一张不成样子的木板桌,你可以泡一碗茶(只要3分钱),可以坐一个下午。在那里你可以看到许多平日你看不见的东西。有的卖字画,有的卖图章,有的卖旧衣服。有时候,你可以用最少的钱,买到一些很好的物品。郊外的茶馆,有的临江,有的在花木下面,你坐在那里,喝茶,吃花生米,可以悠悠地欣赏自然,或是读书,或是睡觉,你都很舒服。高兴起来,还可以叫来一两样菜,半斤酒,可以喝得醺醺大醉。坐着车子进城。你所感到的,只是轻松与悠闲,如外面都市中的那种紧张的空气,你会一点儿也感不到。我时常想,一个人在成都住得太久了,会变成一个懒人,一个得过且过的懒人。

这篇散文写的是成都的春天,所以从头至尾都散发着成都所特有的气息:柔媚、热闹,情味浓郁,不冷不热的空气里似乎都在流动着成都人悠闲自得的情致。字里行间充满着对生命的真爱,不知不觉间你的心意便随着作者亲切的絮语而徜徉。

1. 成都的天气有些什么特点?

2. 成都的春天是什么样的?

3. 文章结语似有些突兀,细想一下你觉得如何?

杏花春雨江南

◆ 小 思

受宠于中国诗人的许多花，如梅菊桃李，我
都见过，就是没见过这开于梅后，却仍可独占春
光的杏。

从没有见过杏花。

受宠于中国诗人的许多花，如梅菊桃李，我都见过，就是没见过这开于梅后，却仍可独占春光的杏。

"墙头丹杏雨余花"，又说杏花春雨，我想，那该是一种不怕雨的花，而带雨后，自当另有可人姿态。

只是，为什么，它总在墙头？

尽管杏林是个很好的典故，但惹得诗人心神俱醉的，却是"一枝红杏出墙来"。

据说这蔷薇科乔木花开五瓣，究竟有多大，很难猜想。

读到"不如桃杏，犹解嫁东风"，就禁不住仿佛看到：一朵顾盼自豪的杏花。绝不像自怜自怨的残梅，在暖风中盈盈粉泪。

"残寒消尽，疏雨过，清明后，花径款余红，风沼萦新皱。"这样子的春雨，点染了一幅怡人的美景。但抬头看看窗外天色，伸展一下由过重水汽带来的倦体，就不免怀疑词人的感觉。"薄雨收寒"，寒是收了，但整日恹恹的微雨，天地间萦绕着一股郁闷，万物都黏黏缠缠，好不叫人生烦。

细心想想，都怪自己粗心，忽略了"疏雨过"这三字。疏雨中，一切变得朦胧，只有过后，云淡风轻，就显得如琉璃般澄明。

我曾打江南路走过。撑一把伞访了瘦西湖，在平山堂前喝一盅茶，看檐前雨不绝地打在阶前青石上。

雨过后，收起伞，又去访金山寺，不见法海和尚的威严，只见一个老禅师沉默守住阴冷石洞。

我还到过莫愁湖，也到过寒山寺……曾到江南，但检点起来，我竟无法细说，这种情怀，谁能领略？

杏花,春雨,江南,三种相关的意象,触发了小思清明隽永、含蓄蕴藉的思绪。文章有三个段落,分说三种意象。第一段写杏花,却先声明"从没有见过杏花",所以很自然的,有关杏花的感触不是来自直接的感性经验。接下来写春雨,最后是脚底下实实在在的江南。

1.本文多处引用唐诗宋词,如"墙头丹杏雨余花"、"一枝红杏出墙来"、"残寒消尽,疏雨过,清明后,花径款余红,风沼萦新皱",说说它们各写出了杏花的什么神韵?

2.如何体会文章结尾的这种情怀?

3.说说本文的语言美在哪里?

早 春

◆庞 培

早春是一年四季的草中已经荒了的那种草,
微微泛青,根部微微泛暖的荒草、枯草。

一

早春带来某种水面上树影般的腼腆。这种季节的通过大地上的土层所传达出去的激动大概很难为人所知——一点点融雪、一束枯萎的马鞭草、树根和花瓶,以及邻居的女儿在礼拜天的窗台上轻微的挪动——都证明一种大自然的、人生存下去的温情……天色在傍晚的电线杆上微微泛蓝,河流在精美的鱼尾上丝丝缕缕——夜间散发出银光——的叹息,以及一名男孩子可能做好的上学的准备,都使我居住的这座城市充满一种既广大又隐秘的美!一年一度,它的名字叫"早春"。一年一度,燕子飞回来了,在工厂的废料堆上,在弯下腰去捡煤的老妇身旁。一年一度鸽子"咕咕"的叫声温暖着那些无家可归的人的心房,泪水和睡梦,像两束恋人之花——是死者们永久失去的宝藏。其中包括用你孤寂的听觉聆听到的一只小羊羔走下河滩时的"哗哗"叫声——它要在早春的水中照一照自身清亮的影子……多么好,没有什么可以失去。人不带走任何东西(穷、富、生、死),相反,人在这大自然中得到了许多:光和影,波光粼粼的往昔,笛音似的节气,卡车巨大的轮胎一样的山峦——他得到了吗?——和荒草掩映中的乡村——更没有比夕阳下荒凉的草丛更美的了——再没有比寒风刺骨的穷人家的屋顶,更能映衬月亮的色泽……这是谁的眼睛呢(又一次,我要发问)——谁的俏丽的发辫?——这是谁家的住宅——后院、侧房和阴郁的门廊?——早春是一年四季的草中已经荒了的那种草,微微泛青,根部微微泛暖的荒草、枯草。因此早春的舌尖是微舐的;早春的腰结实、水灵,犹如舞女的脚踝,孤零零地旋转,她比说话的女孩子退缩得更后、更快,她的手的摆动也包含有更多的激动、不安、害羞……

二

雪化了。河床仿佛"砰砰啪啪"打开的门窗。由岸头上的土块在大地的寒冽的热气中脱掉冰霜。地上的车辙印在早晨的红霞中像一段柔和的民歌(它映在乡村姑娘的脸上)。狗跑到村头上,对着风里的什么东西叫几声。卡车轮胎上又有了发绿的草浆。一名大男孩"呼哧呼哧"冲到大院里,在清脆的夜色中喊他的姆妈——在黎明的晨曦中,天空恢复了它的深蓝庄严。大地像一名勇敢地拿起画笔的画家,在树梢蘸满晨露——日出的光芒像少女的髋骨结实丰满——阴暗的乡公所围墙上,已经有乡下孩子用粉笔头写下的很大的算术题——和从大人们嘴里学来的淫荡咒语……

《早春》的文字湿润而温情脉脉,似一双多情易感的美丽眼眸,做着迷人的梦幻,因遐想而沉醉,因感动而闪着泪光。这就注定了《早春》诗性的命运。它是从一种意象闪烁不定的感觉开始的:"某种水面上树影般的腼腆。"那么含蓄,而且纯洁,有着少女的特质。这一点在第一则的结尾处变得明朗、确定无疑,作者已经认定他的早春是女性的,而且是情感丰富,充满诱惑力和美感。

1. 作者把早春比作什么?试作具体说明。

2. 本文抒发了作者一种什么样的情怀?

3. 你如何理解"大地像一名勇敢地拿起画笔的画家,在树梢蘸满晨露……和从大人们嘴里学来的淫荡咒语……"

春 雨

◆董敬贵

> 田野中的麦田一片碧绿,如绿色的海洋,微风过处,雨丝飘飘忽忽,绿色的海洋也漾起道道轻波,跳跃着,撒欢似的。

窗外春雨淅沥,听檐下雨滴滴答答,时急时缓,如珍珠落地,敲击出盎然的春色,敲击出浓浓的韵味。

历来春雨最受世人青睐,其中的韵味,品者也各得精妙。翻开记忆的扉页,细细品读,总有一番新的滋味;朱自清的"春雨图"返璞归真、平和自然,如挂眼前。陆游名句"小楼一夜听春雨,深巷明朝卖杏花",堪称绝唱。苏东坡写雨中西湖,"水光潋滟晴方好,山色空蒙雨亦奇",艳美至极。送别的王维也不忘描绘一番"渭城朝雨浥轻尘,客舍青青柳色新"的景色。至于人们常说的"春雨贵如油",我想可能源于韩愈的"天街小雨润如酥"的名句吧。"晓看红湿处,花重锦官城。"这繁花盛开的世界不能不叫人感叹杜甫写景的绝妙。感喟于文人墨客生花笔下的神奇吧!别忘了,是造物主特别钟情的春雨诱发了人们的情感。说起来,春雨才是大自然的"蓝精灵儿"。

窗外春雨依旧,飘飘洒洒,漫无边际的思绪又回到了眼前的现实。田野中的麦田一片碧绿,如绿色的海洋,微风过处,雨丝飘飘忽忽,绿色的海洋也漾起道道轻波,跳跃着,撒欢似的。该欢快一下了,田中的苗儿,整整一个冬天没见一点儿雨雪。枯黄的苗儿,饥渴的苗儿,张开你的双臂,昂起你的头颅,打开你的心扉,让春风拥抱你,让春雨的滋润抚慰你——今年又是一个丰收年。

因下雨,劳教学员们没有出工。干警们把学员们组织起来,或与之促膝谈心,或给他们讲课,或搞文艺活动……那饥渴的眼神,那灿烂的笑容,那激动的心怀,十足像雨中的麦苗儿。我不由得想,辛勤耕耘在劳教战线上的干警们不就是春雨吗?"随风潜入夜,润物细无声。"这也该是这种情境的巧妙写照吧。

心灵体验　　春雨,是人们笔下常写的内容,但怎样写出灵性却是很难的,本文借助联想与想像,让人认识到了春之灵动,雨之活泼。

1.作者把春雨比作什么?

2.文中引用了大量诗词来吟咏春雨,它们分别从哪个角度吟咏的?

3.本文明写春雨,实则歌颂了什么人?

繁春落叶

◆张晓惠

半个月亮缓缓地爬了上来，无叶的桫椤就从容出一副刚健又宁静的剪影,在苍蓝的天幕下,在如银似水的月光里。

　　我不知道这棵树有这样一个名字,从发声来说是"sou lou"——桫椤,很好听写起来也很好看的,我以前从没听说过这种树。我也不知道这棵长在这50年代就盖起的两层小楼西山墙边,没有任何围栏和防护标识的,如同我们苏北平原旷野地里随处可见的朴素厚实的树,竟是华东地区仅有的一棵桫椤树——植物园的专家称它为"国宝"的。

　　这株罕见的"国宝"其实真是如此地普通———一般又一般的外貌,高倒是高的,高过这两层小楼的屋脊,树枝桠桠杈杈,交错又舒展着伸向四方。树根处一块大石头用朱色写着醒目的"桫椤",标明着它是一株不常见的树。由于它外貌的太普通,以至于我们每日里上课下课从它身边走过的时候,只将更多的视线投注给距它不远的纤柔散逸的天竺,还有那丛恣肆蓬勃的撒金珊瑚。

　　人也是势利,打知道桫椤树是国宝后(这紫金山麓著名风景区的餐厅也以它命名,曰"桫椤树餐厅"),每每经过它身旁就忍不住多打量多注视。有说是发现了它的树干分分合合,有说是它的形态桀骜不驯。我倒是日复一日地注视着桫椤的叶。初见它时,还遍体苍绿,那种茂密油亮的绿。也就十来天的时间,桫椤树的叶子就不经意地凋落,竟基本掉光了,一片又一片的,一片片还泛着生命光泽的绿叶就厚匐匐地围落在了树根下。不到两天,那落地的绿色竟又溢出片片金黄!这是在绿色四起万花竞相绽放的繁春季节啊!

　　繁春落叶! 这不可解的现象! 那两日黄昏,我就一直围着桫椤树打转,满地的金黄叶片在晚风中曼舞飞扬, 似乎就有些很轻很轻的话语透过叶片在四野飘荡,很近又很遥远,清晰又模糊,是桫椤在喁喁低语?是桫椤在浅吟轻唱?我竭力分辨

9

又难以捕捉。半个月亮缓缓地爬了上来，无叶的桫椤就从容出一副刚健又宁静的剪影，在苍蓝的天幕下，在如银似水的月光里。

白玉兰紫玉兰红玉兰绽放满树满园，忍冬花腊梅花杜鹃花香溢四野。我眼里只有桫椤：在经过烈日的炙烤秋风的洗炼寒冬冰雪的肆虐，却始终以不屈的意志、全部的热情焕发蓬勃的绿色，竟在繁春时落叶！是以繁春落叶来表明另一种生活方式或是生存态度吗？是以繁春落叶来喻示着置身繁华却不求功利的脱俗情怀吗？如若这样，我该敬重你了，桫椤。这样的品格和气质，这样的思考和觉悟，超越熙熙攘攘中浅薄的卖弄和虚荣的张扬，迥异于红尘俗世中锱铢必较的算计和尔虞我诈的谋划。大千世界，几人若你，桫椤！

仰视桫椤，桫椤沉默，稳健笃实又厚重。见了太多的是随俗的冬日里枯疏春日里萌绿夏日里绽放，也见过一些春夏秋冬一直高扬绿色的旗帜，已是不易。但真的是第一次见到如此大气、脱俗，繁春落叶的桫椤。才开始我还不认识你呢，你是大隐于世，我是粗陋浅识。不过，也是啊，世间真正不凡的，大抵都以朴素不过的外貌示人。

谢谢你，桫椤！

桫椤——淡泊明志、宁静致远的智者的象征。大象无形，大音希声。

这世间，美好的东西实在数不过来了，我们总是希望得到的太多，让尽可能多的东西为自己所拥有。

但欲望太多，反成了累赘，还有什么比拥有淡泊的心胸，更能让自己充实、满足呢？

选择淡泊，然后准备走一段山路。

1.繁春落叶是一种什么现象？

2.你从繁春落叶中得到了什么启示？

3.作者为什么说"谢谢你，桫椤"？

春

◆丰子恺

一日之内,乍暖乍寒。暖起来可以想起都市里的冰淇淋,寒起来几乎可见天然冰,饱尝了所谓"料峭"的滋味。

春是多么可爱的一个名词!自古以来的人都赞美它,希望它长在人间。诗人,特别是词客,对春爱慕尤深。试翻词选,差不多每一页上都可以找到一个春字。后人听惯了这种话,自然地随声附和,即使实际上没有理解春的可爱的人,一说起春也会觉得欢喜。这一半是春这个字的音容所暗示的。

"春!"你听,这个音读起来何等铿锵而轻松可爱!这个字的形状何等齐整妥帖而具足对称的美!这么美的名字所隶属的时节,想起来一定很可爱。好比听见名叫"丽华"的女子,想来一定是个美人。

然而实际上春不是那么可喜的一个时节。我积36年之经验,深知暮春以前的春天,生活上是很不愉快的。

梅花带雪开了,说是漏泄春的消息。但这完全是精神上的春,实际上雨雪霏霏,北风烈烈,与严冬何异?所谓迎春的人,也只是瑟缩地躲在房栊内,战栗地站在屋檐下,望望枯枝一般的梅花罢了!

再迟个把月罢,就像现在:惊蛰已过,所谓春将半了。住在都市里的朋友想像此刻的乡村,足有画图一般美丽,连忙写信来催我写春的随笔。好像因为我偎傍着春,惹他们妒忌似的。其实我们住在乡村间的人,并没有感到快乐,却生受了种种的不舒服:寒暑表激烈地升降于36℃至26℃之间。一日之内,乍暖乍寒。暖起来可以想起都市里的冰淇淋,寒起来几乎可见天然冰,饱尝了所谓"料峭"的滋味。天气又忽晴忽雨,偶一出门,干燥的鞋子往往拖泥带水归来。

"一春能有几番晴"是真的;"小楼一夜听春雨"其实没有什么好听,单调得很,远不及你们都市里的无线电的花样繁多呢。春将半了,但它并没有给我们一点儿舒服,只教我们天天愁寒,愁暖,愁风,愁雨。正是"三分春色二分愁,更一分风雨!"

春的景象,只有乍寒、乍暖、忽晴、忽雨是实际而明确的。此外虽有春的美景,但都隐约模糊,要仔细探寻,才可依稀仿佛地见到,这就是所谓"寻春"罢?有的说"春在卖花声里",有的说"春在梨花",又有的说"红杏枝头春意闹",但这种景象在我们这枯寂的乡村里都不易见到。即使见到了,肉眼也不易认识。总之,春所带来的美,少而隐;春所带来的不快,多而确。诗人词客似乎也承认这一点,春寒、春困、春愁、春怨,不是诗词中的常谈吗? 不但现在如此,就是再过个把月,到了清明时节,也不见得一定春光明媚,令人极乐。倘又是落雨,路上的行人将要"断魂"呢。

可知春徒美其名,在实际生活上是很不愉快的。实际,一年中最愉快的时节,是从暮春开始的。就气候上说,暮春以前虽然大体逐渐由寒向暖,但变化多端,始终是乍寒乍暖,最难将息的时候。到了暮春,方才冬天的影响完全消灭,而一路向暖。寒暑表上的水银爬到 temperate 上,正是气候最 temperate 的时节。就景色上说,春色不需寻找,有广大的绿野青山,慰人心目。古人词云:"杜宇一声春去,树头无数青出。"原来山要到春去的时候方才全青,而惹人注目。我觉得自然景色中,青草与白雪是最伟大的现象。

造物者描写"自然"这幅大画图时,对于春红、秋艳,都只是略蘸些胭脂、硃砂,轻描淡写。到了描写白雪与青草,他就毫不吝惜颜料,用刷子蘸了铅粉、藤黄和花青而大块地涂抹,使屋屋皆白,山山皆青。这仿佛是米派山水的点染法,又好像是 Cèzanne 风景画的"色的块",何等泼辣的画风! 而草色青青,连天遍野,尤为和平可亲,大公无私的春色。花木有时被关闭在私人的庭园里,吃了园丁的私刑而献媚于绅士淑女之前。草则到处自生自长,不择贵贱高下。人都以为花是春的作品,其实春工不在花枝,而在于草。看花的能有几人? 草则广泛地生长在大地的表面,普遍地受大众的欣赏。这种美景,是早春所见不到的。那时候山野中枯草遍地,满目憔悴之色,看了令人不快。必须到了暮春,枯草尽去,才有真的青山绿野的出现,而天地为之一新。一年好景,无过于此时。自然对人的恩宠,也以此时为最深厚了。

讲求实利的西洋人,向来重视这季节,称之为 May(五月)。May 是一年中最愉快的时节,人间有种种的娱乐,即所谓 Mayqueen(五月美人)、Maypole(五月彩柱)、Maygames(五月游艺)等。May 这个字,原是"青春"、"盛年"的意思。可知西洋人视一年中的五月,犹如人生中的青年,为最快乐、最幸福、最精彩的时期。这确是名副其实的。但东洋人的看法就与他们不同:东洋人称这时期为暮春,正是留春、送春、惜春、伤春,而感慨、悲叹、流泪的时候,全然谈不到乐。东洋人之乐,乃在"绿柳才黄半未匀"的新春,便是那忽晴、忽雨、乍暖、乍寒、最难将息的时候。这时候实际生活上虽然并不舒服,但默察花柳的萌动,静观天地的回春,在精神上是最愉快的。故西洋的"May"相当于东洋的"春"。这两个读起来声音都很好听,看起来样子都很美丽。不过 May 是物质的、实利的。而春是精神的、艺术的。东、西洋文化的判别,在这里也可以窥见。

心灵体验

自古以来,人们赞美春天,希望春常在,但有多少人理解春天呢?本文作者用他那画家的眼光,描绘了一幅暮春春景:春山绿野,鲜花遍地。即使是西洋人,也喜欢这最快乐、最幸福的时期。

放飞思维

1. 作者为什么说"春不是那么可喜的一个时节"?
2. 西洋人是如何过暮春时节的?
3. 东、西洋文化在许多方面都是有区别的,试举一例说明。

春　至

◆思　果

绿叶遮没了许多地方,即使北方的寒流来了,也赶不走春,春不是难测的客人,不会半夜悄悄走掉,来了就要住些时。

起初是羞羞怯怯,畏畏缩缩地,好像胆子小,做了不该做的事似的,有那么一丝绿意。冬天的寒锋稍钝,雪刚融,还有好多次要下,青草就长出来了,不耐烦等候春风。生的力量已经推它出来,什么阻挡都没有用——冷而僵硬的土盖不住,牛马的蹄踩不死。这个绿的开始真了不得,渐渐地明目张胆起来,一个周末不见的空地,忽然很葱翠了。不知哪里来的邪力附在草叶上,好像在喊叫,简直有些发怒。我早晚出外,还有寒意。门前有大块草地的人渐渐忙碌起来,大雨之后,草长得猛,有人驾了刈草机,一面手持念珠在念玫瑰经,一面割草,有人在黑夜还加紧剪除。

春天来了。树比较迟觉醒些。枯枝还光秃秃的,没有发芽的样子,让青草独秀。不过慢着,不久绿的幽灵也出现了。远远望去,灰赭色里夹些青绿,你拿不稳它是不是叶子,秋冬的寒冷把大地的衣服剥光,只露出稀疏的树枝丫,单调、孤寂、瑟缩、凄凉,和土一色。我天天经过乡村,已经巴望春天回来。十二月、一月、二月,过去了。算算时候,春该上路了。等到枝头有了一片绿,就觉得大地去年脱掉的衣服里有件翠色薄纱的内衣已经重穿上身。起初枯枝的颜色虽然霸道,不准嫩芽出色,但渐渐地就屈服了。再过些时,销声匿迹——树身上披了绿袍。

春的生力无穷,不但草和叶生长出来,很快,树上红色的樱花、蕾花,白色的山茱萸、苹果花,地上的郁金香、紫花地丁、雏菊,和无数我叫不出名字的花都纷纷开放。远望好像有些树上有火、有雪、地上铺了绣花毯子。就是那下贱的蒲公英,也开了美丽的黄花,在草地上镶金。白色的绒毛也给草地盖了霉。这是贫穷人家没有剪草的后果!我每每走过树底下,总给那股甜美的香味灌醉,有时不见花开,只见花谢,自恨来迟,花是不等人的。谢时就下花雨,不是骤雨,具有诗情的小雨,一瓣瓣飘然落下,落在你头上、肩上、衣服上、脚底下。池塘里早已堆了一片片,又好看,又叫人不舍得的残花。大自然的浪费真可怕。

尽管百花百色,绿才是春色。天公一支笔,在大地上涂抹,涂一次绿一分,直到夏初绿得透不过气来为止。中国的山水画不是青绿,就是赭,师法的是自然。树林越来越密,树阴越来越浓,树上的裘越厚,人身上露出的地方越多。早有人打赤膊了。走上高冈俯瞰,但见绿成一片,也分出几等深浅,有带黄的浅翠,有带黑的浓绿。附近的树上还有夹了深绛、浅紫、灰白等等的杂色,深浅相间,织成奇锦。

春天有味道,你可以闻到,不用说芬芳的群花了,就是青草也有朴实的香味,可以嗅个够。瞎子也知道春在哪里,春天可以接触到。脚下是软软的草。风吹在身上再不刺痛肌肉,恰像温柔的手抚过,你只要出了门或者打开窗户就知道季候。寻春最容易,处处都是。

谁都知道春天的音乐最中听。天不亮枝头的鸟已经像青草一般等得不耐烦了,这些小音乐家组成乐队,一齐和鸣。也有独自高歌的,旁若无人,这些免费娱人的歌手闷了一冬,现在要痛痛快快施展一下本领,给春送来降临的口信。你要早起,要到树林里,要细心听。城市中人不免错过了听鸟,也错过了赏春——城里只有雪才是最显著的季节变化,因为灰色的水泥掩盖了一切。

生的力量还有另一表现,干涸的小溪有了流水,河水涨得泛滥了岸边的树根。春雷一过,大雨下得像海在头上,像永远不会停,永远不会晴。这里的人有句俗语,"四月雨带来五月花",甚有诗意。池水渐渐有了绿色,活了。春天是一年的童年,就连气候也像少年那样不稳定,乍暖还寒,才晴又雨。

春来得又渐又骤,你天天看草,只绿了一点点,不觉得它在长。但是三五天不到公园,就不认得了,就像舞台换了布景,要不然是大自然变了戏法。绿叶遮没了许多地方,即使北方的寒流来了,也赶不走春,春不是难测的客人,不会半夜悄悄走掉,来了就要住些时。

我多年来做的是要依时上班的工作,不知多少好日子不能到露天的地方欣赏。今天家住在伊顿园旁边,日长了,每天下班,都赶着到公园去看景色,忙碌得很。这样贪婪,自觉可笑。在香港二十多年,四季如春,不觉得有春,故乡是四季分明的,和辛城差不多,不免怀想。这是忙着寻春的原因。

不过春来了，人心里有了生机，个个人可以还童。还是宇宙的宏恩，本来不该辜负。

心灵体验　　本文是一篇优美的散文。作者细致地、生动地描写了"春至"的全过程，抒发了自己的感受，热情地歌颂春天强大的生命力，表达了珍惜春光、积极进取的精神。

放飞思维　　1. 请你用精炼的语言描述"春至"的过程。
　　2. 试着说说这篇散文的语言美在哪里？

走吧！到春天去

◆王春鸣

开花，发芽，先是一朵两朵，然后蜜蜂钻出黄泥砌成的红砖墙，然后杨柳一摆，春天就潮水一样迎向你了。

我在纸上写下"春天"这两个字，满桌阳光，立刻牵起一蓬绿影。门窗远去，多少年来坚实的墙壁城楼，竟是一层待化的浮冰。刹那间莺飞草长，蜂乱蝶迷。

在3月里打翻的一瓶香水，初调是蚕豆花和香椿树嫩芽不绝如缕的气息。复调也许是大片的麦田和油菜，被太阳烘暖了，又被粉蝶和鸟的翅膀扇着，使得走在田埂上的人，都微醺微醉了。我的花布衫上沾满草青，后襟还被树枝绊坏了一块。我当然要在麦子上打滚喽！风把我的儿歌送出去很远很远；春天这么美我当然要逃学喽！书包和小鸟的巢一起藏在密密的油菜田里。小小的人儿也会有痛苦和委屈的，为什么已经不记得了，我只看见自己逃出家门，含着眼泪扑向田野。在春天里我从来没有真正摔疼过。那些草木慢慢抽出的叶子，就是安慰的手臂啊！再小的花，哪怕是只有四个花瓣的，如果你看见过它开放，就会深深懂得那绽放的过程其实是一个对你敞开的怀抱。让时光倒退十年再倒退十年，我小得不能再小了，而春天大得不能再大。所以我是这样快活呀！蹲在暖香扑鼻的绿影里，听外婆拨开一垄垄麦子喊着我的乳名，蚂蚁爬上手背，花朵上的毛毛虫，也许正是要变成蝴蝶的那

15

一只。

很久以后我才明白，春天年复一年跋涉冰雪而来，仿佛就是为了接走一个个孩子，让他们穿过田野到别的地方去。我一转身进了人潮人海，再回首，云已遮断归途。那芳草鲜美的本是我的童年，如今却远成一个无法企及的向往。在现在的人潮人海里，也排列着整齐的瓜叶菊，河边柳，但是我们心里知道，那盆栽的被剪裁过的，不是真正的春光。如果你的手上沾满泥土，我问你，你见过春天是怎样来的吧！开花，发芽，先是一朵两朵，然后蜜蜂钻出黄泥砌成的红砖墙，然后杨柳一摆，春天就潮水一样迎向你了。

昨天有一朵蒲公英在灰色的高楼下向我说了关于春天的零星消息，我决定要回家一趟，所以郑重地在纸上写下了这两个字。然后，我坐下来，坐在铺满阳光的地板上，追忆它最初的时候，还是一棵树的时候，鸟儿在它身上做巢，它翠绿的枝条将我欢天喜地挽起来的时候。

走吧！到春天去。

春天是这么美，令人心醉。但最令作者魂牵梦萦的却是童年的春天，田野的春天。

1.作者为什么说"在现在的人潮人海里，也排列着整齐的瓜叶菊，河边柳，但是我们心里知道，那盆栽的被剪裁过的，不是真正的春光"？

2."春天"在文中仅仅是指季节吗？

春　雨

◆梁遇春

能够忍受，却没有麻木，能够多情，却不流于感伤，仿佛楼前的春雨，悄悄下着，遮住耀目的阳光，却滋润了百草同千花。

整天的春雨，接着是整天的春阴，这真是世上最愉快的事情了。我向来厌恶晴朗的日子，尤其是骄阳的春天；在这个悲惨的地球上忽然来了这么一个欣欢的气象，简直像百无聊赖的主人宴饮生客时拿出来的那副古怪笑脸，完全显出宇宙里的白痴成分。在所谓大好的春光之下，人们都到公园大街或者名胜地方去招摇过市，像猩猩那样嘻嘻笑着，真是得意忘形，弄到变成为四不像了。可是阴霾四布或者急雨滂沱的时候，就是最沾沾自喜的财主也会感到苦闷，因此也略带了一些人的气味，不像好天气时候那样望着阳光，盛气凌人地大踏步走着，颇有上帝在上，我得其所的意思。至于懂得人世哀怨的人们，黯淡的日子可说是他们惟一光荣的时光。苍穹替他们流泪，乌云替他们皱眉，他们觉到四围都是同情的空气，仿佛一个堕落的女子躺在母亲怀中，看见慈母一滴滴的热泪溅到自己的泪痕，真是润遍了枯萎的心田。斗室中默坐着，忆念十载相违的密友，已经走去的情人，想起生平种种的坎坷，一身经历的苦楚，倾听窗外檐前凄清的滴沥，仰观波翻浪涌，似无止期的雨云，这时一切的荆棘都化做洁净的白莲花了，好比中古时代那班圣者被残杀后所显的神迹。"最难风雨故人来"，阴森森的天气使我们更感到人世温情的可爱，替从苦雨凄风中来的朋友倒上一杯热茶时候，我们很有放下屠刀，立地成佛的心境。"风雨如晦，鸡鸣不已"，人类真是只有从悲哀里滚出来才能得到解脱。千锤百炼，腰间才有这一把明晃晃的钢刀，"今日把似君，谁有不平事"。"山雨欲来风满楼"，这很可以象征我们孑立人间，尝尽辛酸，远望来日大难的气概，真好像思乡的客子拍着阑干，看到郭外的牛羊，想起故里的田园，怀念着宿草新坟里当年的竹马之交，泪眼里仿佛模糊辨出龙钟的父老蹒跚走着，或者只瞧见几根靠在破壁上的拐杖的影子。所谓生活术恐怕就在于怎么样当这么一个临风的征人吧。无论是风雨横来，无论是澄江一练，始终好像惦记着一个花一般的家乡，那可说就是生平理想的结晶，蕴在心头的诗情，也就是明哲保身的最后壁垒了；可是同时还能够认清眼底的江山，把住自己的步骤，不管这个异地的人们是多么残酷，不管这个他乡的水土是多么不惯，却能够清瘦地站着，戛戛然好似狂风中的老树。能够忍受，却没有麻木，能够多情，却不流于感伤，仿佛楼前的春雨，悄悄下着，遮住耀目的阳光，却滋润了百草同千花。檐前的燕子躲在巢中，对着如丝如梦的细雨呢喃，真有点像也向我道出此中的消息。

可是春雨有时也凶猛得可以，风驰电掣，从高山倾泻下来似的，万紫千红，都付诸流水，看起来好像是煞风景的，也许是别有怀抱吧。生平性急，一二知交常常焦急万分地苦口劝我，可是暗室扪心，自信绝不是追逐事功的人，不过对于纷纷扰扰的劳生却常感到厌倦，所谓性急无非是疲累的反响吧。有时我却极有耐心，好像废殿上的琉璃瓦，一任他风吹雨打，霜蚀日晒，总是那样子痴痴地望着空旷的青天。我又好像能够在没字碑面前坐下，慢慢地去冥想这块石板的深意，简直是个蒲团已碎，呆然趺坐着的老僧，想赶快将世事了结，可以抽身到紫竹林中去逍遥，跟把世事撇在一边，大隐隐于市，就站在热闹场中来仰观天上的白云，这两种心境原来是不相矛盾的。我虽然还没有，而且绝不会跳出人海的波澜，但是拳拳之意自己也略知一二，大概摆动于焦躁与倦怠之间，总以无可奈何天为中心罢。所以我虽然爱蒙蒙茸茸的细雨，我也爱大刀阔斧的急雨，纷至沓来，洗去阳光，同时也洗去云雾，使我们想起也许此后永远风恬日美的光阴了，也许老是一阵一阵的暴雨，将人世哀乐的踪迹都漂到大海里去，白浪一翻，什么渣滓也看不出了。焦躁同倦怠的心境在此都得到涅槃的妙悟，整个世界就像客走后，撤下筵席洗得顶干净，排在厨房架子上的杯盘。当个主妇的创造主看着大概也会微笑吧，觉得一天的工作总算告终了。最少我常常臆想这个还了本来面目的大地。

可是最妙的境界恐怕是尺牍里面那句滥调，所谓"春雨缠绵"吧。一连下了十几天的霉雨，好像再也不会晴了，可是时时刻刻都有晴朗的可能。有时天上现出一大片的澄蓝，雨脚也慢慢收束了，忽然间又重新点滴凄清起来，那种捉摸不到，万分别扭的神情真可以做这个哑谜一般的人生的象征。记得十几年前每当连朝春雨的时候，常常剪纸作和尚形状，把他倒贴在水缸旁边，意思是叫老天不要再下雨了。虽然看到院子里雨脚下一粒一粒新生的水泡我总觉到无限的欣欢，尤其当急急走过檐前，脖子上溅几滴雨水的时候。可是那时我对于春雨的情趣是不知不觉之间领略到的，并没有凝神去寻找，等到知道怎么样去欣赏恬适的雨声时候，我却老在干燥的此地做客，单是夏天回去，看看无聊的骤雨，过一过雨瘾罢了。因此"小楼一夜听春雨"的快乐当面错过，从我指尖上滑走了。盛年时候好梦无多，到现在彩云已散，一片白茫茫，生活不着边际，如坠五里雾中，对于春雨的怅惘只好算做内中的一小节吧，可是仿佛这一点很可以代表我整个的悲哀情绪。但是我始终喜欢冥想春雨，也许因为我对于自己的愁绪很有顾惜爱抚的意思；我常常把陶诗改过来，向自己说道："衣沾不足惜，但愿恨无违。"我会爱凝恨似的缠绵春雨，大概也因为自己有这种的心境吧。

梁遇春的文字也像是雨，淋漓而下。喜欢风驰电掣的春雨，大刀阔斧地将世界洗得一干二净，这是作者性情的一个方面。而喜欢春雨缠绵，天地凝愁，是作者性情的又一个方面。"小楼一夜听春雨"，只是一种怀想，一种忆念，故园路迢，游子能随身牵着的，就是梦里一片渐沥的雨声，无始无终，织在心头。

1. 从春雨中，作者得到了什么？
2. 文中的春雨具有什么特点？
3. 无数文人墨客咏过春雨，试着写出两句。

早 春 二 月

◆陶斯圆

> 轻轻地掬起一捧水，月亮轻轻地倒映在我的手里，清清的，幽幽的，居然弄得满身都香气扑鼻。

淡淡的粉枝在风雨里摆动……

雪花飘在窗棂上，沙沙的像孩子的梦一般温柔。或许是"白雪却嫌春色晚，故穿庭对作飞花"，满城飞絮飘飘扬扬，把一封封饱含春意的书信传递给人们。

"忽闻楼间吹笛声，我心似春满洞庭。"看啊，南风吹皱了温柔的河水；听啊，"丁丁冬冬"，是谁在敲打屋檐？

如今，正是"春风又绿江南岸"。你瞧，"袅袅城边柳，青青陌上桑"；你闻，"桃花历乱李花香"。几阵春风，数番细雨，洗去了冬日的沉重。好一幅春色图，天气似一张光滑粉蓝的素缎，上头偶尔飞上了几团柳絮，轻轻地随着春风打转。

这，还不是仲春之时呢。用你的心去感觉，她的脚步刚刚响起；用你的臂去搂抱，她仅是"草色遥看近却无"。虽说是"新年都未有芳华，二月初惊见草芽"，可她毕竟还小，还很稚嫩。不要用手去碰她，她会像水晶一样易碎；不要用嘴去亲吻她，她会像玛雅王朝一样消失；只要用心抚摸，紧紧地握住……

旖旎的春日,步子如此深沉含蓄,如此沉静。

轻轻地掬起一捧水,月亮轻轻地倒映在我的手里,清清的,幽幽的,居然弄得满身都香气扑鼻。

"春风一夜吹乡梦,又逐春风到姑苏。"

轻轻地,敲打我的春……

本文巧以诗句点缀,展开联想,想像,化无形为有形,突出了旖旎的春光。充满诗情画意的早春二月,款款走进人们的心田,宛如一首春天圆舞曲。我们陶醉在这清新怡人的春光中,更感"一年之计在于春,寸金难买寸光阴"。

1.本文在结构上有什么特点?
2.自选视角写一片段,以小见大,感悟春之乐章。

春 的 林 野

◆许地山

> 桃花听得入神,禁不住落了几点粉泪,一片一片凝在地上;小草花听得大醉,也和着声音的节拍一会儿倒,一会儿起,没有镇定的时候。

春光在万山环抱里,更是泄露得迟。那里的桃花还是开着;漫游的薄云从这峰飞过那峰,有时稍停一会儿,为的是挡住太阳,教地面的花草在它的荫下避避光焰的威吓。

岩下的荫处和山溪的旁边长满了薇蕨和其他凤尾草。红、黄、蓝、紫的小草花点缀在绿茵上头。

天中的云雀,林中的金莺,都鼓起它们的舌簧。轻风把它们的声音挤成一片,分送给山中各样有耳无耳的生物。桃花听得入神,禁不住落了几点粉泪,一片一片凝在地上;小草花听得大醉,也和着声音的节拍一会儿倒,一会儿起,没有镇定的时候。

林下一班孩子正在那里捡桃花的落瓣哪。他们捡着,清儿忽嚷起来,道:"嗄,邕邕来了!"众孩子住了手,都向桃林的尽头盼望。果然邕邕也在那里摘草花。

清儿道:"我们今天可要试试阿桐的本领了。若是他能办得到,我们都把花瓣穿成一串璎珞围在他身上,封他为大哥如何?"

众人都答应了。

阿桐走到邕邕面前,道:"我们正等着你来呢。"

阿桐的左手盘在邕邕的脖上,一面走一面说:"今天他们要替你办嫁妆,教你做我的妻子。你能做我的妻子么?"

邕邕狠视了阿桐一下,回头用手推开他,不许他的手再搭在自己脖上。孩子们都笑得支持不住了。

众孩子嚷道:"我们见过邕邕用手推人了!阿桐赢了!"

邕邕从来不会拒绝人,阿桐怎能知道一说那话,就能使她动手呢?是春光的荡漾,把他这种心思泛出来呢?或者,天地之心就是这样呢?

你且看:漫游的薄云还是从这峰飞过那峰。

你且听:云雀和金莺的歌声还布满了空中和林中。在这万山环抱的桃林中,除那班爱闹的孩子以外,万物把春光领略得心眼都迷蒙了。

心灵体验

本文渲染了一派灿烂的春色。表现了少年异性间接触的天真。

文章先写自然景物,从高处到低处,从山岩到林野,把醉人的春色写得有声有色。接着作者以无限天真的童心把小儿女们的喧闹嬉戏写得活泼生动至极。作者禁不住自己站出来发问:是春心的荡漾,抑是天地之心?那悠然不尽的余味,要我们读者慢慢咀嚼。

放飞思维

1.你能用简单的话描述春的林野的景色吗?

2.由"是春光的荡漾,把他这种心思泛出来呢?或者,天地之心就是这样呢"一句展开联想,写出你的感悟。

3.你有过类似的经历吗?请试着写一个片断。

春

◆［黎巴嫩］纪伯伦

　　来吧！让我们从水仙的花萼中饮吮雨水残留
的泪珠，让我们心田响彻鸟儿欢乐的歌唱，让我们
吮吸熏风的芳香。

　　来吧，我心爱的姑娘！让我们在高坡上徜徉。冰雪已经消融，生命已经苏醒，在
河谷里、山坡上巡行。和我一起走吧！让我们追随春天的足迹，在广袤的田野里漫
步。来吧！让我们爬上山冈，眺望四周原野上碧绿的波涛。

　　啊！春的黎明，已经展开了冬夜折起的霓裳。桃树、苹果树，都已披上了盛装，
显得像是命运之夜的新娘。葡萄已经醒来，枝蔓依偎缠绕，像热恋的人儿一样。

　　岩石间，溪水涓涓流过，把欢乐的歌儿反复吟唱。恰似大海中飞溅出泡沫，鲜
花从大自然的心中绽裂怒放。

　　来吧！让我们从水仙的花萼中饮吮雨水残留的泪珠，让我们心田响彻鸟儿欢
乐的歌唱，让我们吮吸熏风的芳香。

　　忽然想念春天的颜色和味道。有泥土的清新，花草的羞涩，涓
涓溪水……还有冰雪消融，破茧而出的勃勃生机。

1. 作者是如何描绘春的？
2. 说说这篇散文诗的语言美在哪里？

雨的滋味(节选)

◆ 施蛰存

假如你要远眺着山山水水,你会觉得山水之间失去了涯涘,这一片空翠会迷住了你,让你不能说山到何处止,水到何处住。

如果你在泥泞的田塍间,或在湫隘的巷陌中,撑着一柄油纸伞一脚高一脚低地踉踉跄跄走去,风又吹得你寒冷,檐溜水滴在水洼里又溅得你衣裤都湿;此时的雨,对于你不过是一瓢苦水,你哪里会觉得有什么精致的滋味蕴蓄于其间呢。

然而你试想一想,古来有多少诗人,写下了多少充实着情感美音调美的咏雨的丽句给我们!你如果说我们也不曾在雨中发现过新鲜的滋味,则他们又何苦如此不惮其烦地雕琢出这些艺术品来呢?所以你如能细心地反省一下,你姑且将对于雨的不快意的感情丢开;你再考究一番生活的艺术,你要能假设你生活在雨中——不论是蒙蒙的微雨,潺潺的淫雨或滂湃泱泱的骤雨,也安闲恬静地如在云淡风轻的春日与天高月白的秋夜一般。如此,你便能不由得从你自己的心里体验出雨的精微的滋味,更从此你可以恍然于古人何以这般再三再四地将雨写入他们的诗句了。

……

我们还是顺着时序想过去罢。现在新年是过了,元宵灯也收藏起来了。再过些时,不就是清明节了么?说到清明节,谁不会记起《千家诗》里的"清明时节雨纷纷"那一首绝句呢。好,你想罢,清明节的雨岂不是杜甫所谓"随风潜入夜,润物细无声"的"好雨"么?你看它如雾如烟,甚至如简文帝所说加上一些斜照便如游丝一般的轻轻地摇曳着在垄亩间,在原野上,在花丛,在屋外,它把现实的景物蒙眬得成为幻象,你从这烟雾般的雨丝中看青青的杨柳,你只能见得她轻盈婉约地在曼舞低鬟,你决不能分辨清她的一枝一叶。假如你要远眺着山山水水,你会觉得山水之间失去了涯涘,这一片空翠会迷住了你,让你不能说山到何处止,水到何处住。假如你再想从这般的雨雾中看花,你愈会觉得这些滴粉溶脂的颜色因为不分明而愈媚。此外,冲破了这无声的清明雨的境界的便是叶下的黄莺与剪水穿帘的红襟燕子。在这里,我的所谓冲破,并不是毁坏的意思,黄莺与燕子的歌唱与飞舞决不会败了你的赏雨的幽兴。我所谓冲破者,是说当你在梦幻似的怀着与蔷薇花的新叶一般娇嫩的柔情领略这清明节的轻雨,忽然间浅绿阴中有一声莺啼,或是一瞥眼见一羽小燕飞掠过你肩头,使你陡然从沉醉的幻梦中惊醒来,踟蹰怅望了一会儿,重新再整整春衫,凭阑对雨,这个所谓冲破,其实与雨景是依然很和谐的。

……

雨本来是没有色的,所谓雨之色,便是它所接触着的世界的色。然而这个色你绝不能称之为那个世界之色,故我们应当算是雨之色。雨之音,也是如此,雨本来没有音,所谓雨之音,便是它所接着的物件之音,然而你也绝不能便说是那物件之音,故我们毋宁说是雨之音。在下文我想先说明何以本非雨之色而必要称之为雨之色,何以本非雨之音而必要称之为雨之音;然而再研究雨因色之不同而使领略者之感情互异,雨因音之不同而使领略者之感情互异。

"春天的雨是什么色?"这个问题是不能答复的,因为雨的色是因时而异因地而异的,你万不能拿整个儿的春季来问我。你假如问我在二三月间看西湖上的微雨是什么色,那我可立刻答复你:"是淡青色的。"你休要笑我误会了,你也休要急急地改正我说:"你是错了,我问的是那时候雨的颜色,不是在问山水的颜色。"我其实并没错误,二三月间的西湖山水是深青色黛色乃至是紫霭色的,然而微雨蒙蒙中的西湖却是极准确的淡青色。这个淡青色,你还愿意称它是山水之色呢还是雨之色?在万花零乱的花丛中,红的白的是花,绿的是叶,青的是天。此时霏霏地降下了一番柔雨,却做了个研颜色的化工,你此时设或在小亭中闲眺,你还能辨别得出那里是红那里是白那里是绿么?你静静地领略,岂不是只觉得如晚烟似的一阵阵忽然泛红忽然转青的紫色么?这种紫色,我想你也恐怕不得不称之为雨的颜色罢。

……

至于青黛色的山水间,因笼罩上一阵春雨而成为淡青色。这种淡青色,异于月之青色,也异于海之青,它绝没有月色那样的惨冷;也没有海色那样的光明。这种淡青色是幻想的,沉静的,不尽的,然而是温柔。所以当你在春雨之际,独自到西湖边去领略这淡青色,你是已经跨上了不尽的大道,不多时,它会带你到一个冥念的世界中去的。

心灵体验

春雨是有滋味的。不止有,而且精致。雨是甜的?苦的?新鲜的?抑或是忧伤的?沉醉的?……读完本文,你会体验出雨的滋味。

放飞思维

1.本文运用了很多修辞手法,试找出来作具体分析。

2.读完本文,你觉得春天的雨是什么颜色?

3.本文仅仅是写雨的滋味吗?它是否还蕴含着丰富的人生哲理?

窗外的春光

◆庐 隐

她觉得自己变成一只蝴蝶，在那盛开着美丽的花丛中翱翔着，有时她觉得自己是一只小鸟，直扑天空，伏在柔软的白云间甜睡着。

几天不曾见太阳的影子，沉闷包围了她的心。今早从梦中醒来，睁开眼，一线耀眼的阳光已映射在她红色的壁上，连忙披衣起来，走到窗前，把洒着花影的素幔拉开。前几天种的素心兰，已经开了几朵，淡绿色的瓣儿，衬了一颗朱红色的花心，风致真特别，即所谓"冰洁花丛艳小莲，红心一缕更嫣然"了。同时一股沁人心脾的幽香，喷鼻醒脑，平板的周遭，立刻涌起波动，春神的薄翼，似乎已扇动了全世界凝滞的灵魂。说不出是喜悦，还是惆怅，但是一颗心灵涨得满满的，——莫非是满园春色关不住，——不，这连她自己都不能相信；然而仅仅是为了一些过去的眷恋，而使这颗心不能安定吧！本来人生如梦，在她过去的生活中，有多少梦影已经模糊了，就是从前曾使她惆怅过，甚至于流泪的那种情绪，现在也差不多消逝净尽，就是不曾消逝的而在她心头的意义上，也已经变了色调，那就是说从前以为严重了不得的事，现在看来，也许仅仅只是一些幼稚的可笑罢了！

兰花的清香，又是一阵浓厚的包袭过来，几只蜜蜂嗡嗡的在花旁兜着圈子，她深切的意识到，窗外已充满了春光；同时20年前的一个梦影，从那深埋的心底复活了：一个仅仅10岁的孩子，为了脾气的古怪，不被家人们的了解。于是把她送到一所因牢似的教会学校去寄宿。那学校的校长是美国人，——一个50岁的老处女，对于孩子们管得异常严厉，整月整年不许孩子走出那所筑建庄严的楼房外去。四围的环境又是异样的枯燥，院子是一片沙土地；在角落里时时可以发现被孩子们塌陷的深坑，坑里纵横着人体的骨骼，没有树也没有花，所以也永远听不见鸟儿的歌曲。春风有时也许可怜孩子们的寂寞吧！在那洒过春雨的土地上，吹出一些青草来——有一种名叫"辣辣棍棍"的，那草根有些甜辣的味儿，孩子们常常伏在地上，寻找这种草根，放在口里细细的咀嚼；这可算是春给她们特别的恩惠了！那个孤零的孩子，处在这种阴森冷漠的环境里，更是倔强，没有朋友，在她那小小的心灵中，虽然还不曾认识什么是世界；也不会给这个世界一个估价，不过她总觉得自己所处的这个世界，是有些乏味；她追求另一个世界。在一个春风吹得最起劲的时候，她的心也燃烧着更热烈的希冀。但是这所因牢似的学校，那一对黑漆的大门仍然严严地关着，就连从门缝看看外面的世界，也只是一个梦想。于是在下课后，她独自跑到地窖里去，那是一个更森严可怕的地方，四周是石板做的墙，房顶也是冷冰冰的大石板，走进去便有一股冷气袭上来，可是在她的心里，总觉得比那死气沉沉的校舍多少有些神秘性吧。最能引诱她的当然还是那几扇矮小的窗子，因为窗子外就是一座花园。这一天她忽然看见窗前一丛蝴蝶兰和金钟罩，已经盛开了，这算给了她一个大诱惑，自从发现了这窗外的春光后，这个孤零的孩子，在她生命上，也开了一朵光明的花，她每天一只猫儿般，只要有工夫，便蜷伏在那地窖的窗子上，默然地幻想着窗外神秘的世界。她没有哲学家那种富有根据的想像，也没有科学家那种理智的头脑，她小小的心，只是被一种天所赋予的热情紧咬着。她觉得自己所坐着的这个地窖，就是所谓人间吧———一切都是冷硬淡漠，而那窗子外的世界却不一样了。那里一切都是美丽的，和谐的，自由的吧！她欣羡着那外面的神秘世界，于是那小小的灵魂，每每跟着春风，一同飞翔了。她觉得自己变成一只蝴蝶，在那盛开着美丽的花丛中翱翔着，有时她觉得自己是一只小鸟，直扑天空，伏在柔软的白云间甜睡着。她整日支着颐不动不响的尽量陶醉，直到夕阳逃到山背后，大地垂下黑幕时，她才快快的离开那灵魂的休憩地，回到陌生的校舍里去。她每日每日照例的到地窖里来，———一直过完了整个的春天。忽然她看见蝴蝶兰残了，金钟罩也倒了头，只剩下一丛深碧的叶子，苍茂的在熏风里撼动着，那时她竟莫名其妙的流下眼泪来。这孩子真古怪得可以，10 岁的孩子前途正远大着呢，这春老花残，绿肥红瘦，怎能惹起她那么深切的悲感呢？但是孩子从小就是这样古怪，因此她被家人所摒弃，同时也被社会所摒弃。在她的童年里，便只能在梦境里寻求安慰和快乐，一直到她否认现实世界的一切，她终成了一个疏狂孤介的人。在她 30 年的岁月里，只有这些片段的梦境，维系着她的生命。阳光渐渐的已移到那素心兰上，这目前的窗外春光，撩拨起她童年的眷恋，她深深的叹息了："唉，多缺陷的现实的世界呵！在这春神努力的创造美丽的刹那间，你也想遮饰起你的丑恶吗？人类假使连这些梦影般的安慰也没有，我真不知道人们怎能延续他们的生命哟！"但愿这窗外的春光，永驻人间吧！她这样虔诚的默祝着，素心兰像是解意般的向她点着头。

 窗外的春光迷人且神秘，令人神往。但愿这窗外的春光，永驻人间！

1. 她回忆了一段什么样的经历？

2. 为什么窗外的春光令她陶醉？

3. 你认为"唉，多缺陷的现实的世界呵！在这春神努力的创造美丽的刹那间，你也想遮饰起你的丑恶吗？人类假使连这些梦影般的安慰也没有，我真不知道人们怎能延续他们的生命呦！"包含了怎样的人生哲理？

站在春天的边缘

◆王春鸣

鱼说春从水底来，燕子说春从空中来，一只流落在城市里的粉蝶，翕动小小的翅膀，张扬着我看不见的春天。

先是考试，后来是周末的雨，与春天的约会，竟一爽再爽。世俗的人生缠绕着我，而一个春天，正兀自暖融融地长着吧！我曾经悠闲如一只瓢虫，那些薄纱翅翼下，篱落疏疏一径深的春天，看月亮弯着腰爬上天空的春天呢？二十多年前，在母亲温柔的注视里，我就与它订下了与生俱来的盟约，但是它遗落在童年的斜坡上，已经很久了。

街心花园里修剪得很整齐的夹竹桃开花时，我还流浪在爱敦荒园，流浪在湖畔诗人那里，我听见春天在远方喊我，在远方向阳的斜坡上喊我。惊蛰那天的日历上有母亲做下的记号，但是我正深陷在哈姆雷特的忧郁里，没有接到油菜花潮水般汹涌而来的祝福。书里的春天让我伤感，风这样暖了，我只好面壁，流放在高楼群间的柏油路口，为剩下的最后一张试卷，为尚未谋面的一本证书。

鱼说春从水底来，燕子说春从空中来，一只流落在城市里的粉蝶，翕动小小的翅膀，张扬着我看不见的春天。唉，有时候真的渴望那种没有负重的飞翔。

你终于答应我考完试去看菜花，你说已经将胶卷装进了相机，这样，我以为总能留住一片春天的裙裾，就抖出了所有的春装，我没有看见镜中恍若暮春的憔悴，只好熨好折皱的襟袖。在早醒的黎明，却听见雨从檐上滴答的声音，改期吧！你挂上了电话。诗中的篱落定然爬满绯红的茑萝！我黯然地叩着窗子，玻璃上一片淋漓的水痕。做过记号的日子早已远去了，有些风雨不是一把伞能够遮住的。我独自追

27

到绿肥红瘦中去，读一棵花事将阑的树，一块开裂的树皮，无边的丝雨啊，温柔地纠缠着我。

我已经站在春天的边缘了！风铃草上挂满潮湿的梦想。好不容易挣脱庄周之梦，遽遽然成蝶，为什么还晚了一步？小麦梢头竟结出锋芒毕露的穗子，猖狂的菜花，也逐一收敛成细小谦恭的种子。我已经站在春天的边缘了，她湿湿的脚步冷寂无声，节物风光不相待，我踩住将要褪尽的残红，去追随小小青梅的长势。

作者用充满诗意的语言，写下了站在春天的边缘，对春天的希望和梦想。

1. 作者为什么说"站在春天的边缘"？
2. 请你用自己的语言说出这篇文章所含的深刻的人生哲理。

思，在百草园

◆刘绍棠

> 园里几畦青葱的菜田，一眼古朴的石井，顿使
> 人感到幽静沉寂，却又满目生气。

绍兴的初春，乍暖还寒。踏着绚烂的晨光，走进了渴望已久的鲁迅故居——百草园。

尽管刚刚经受过肃杀的冰雪，百草园内却依然一片苍翠葱茏。十来枝竹子扶疏摇曳在初升的阳光下，洒出一片淡淡的影子，两棵不太大的棕榈伸开巴掌，仿佛要对寻踪环顾的瞻仰者数数这里的家珍；据说还是鲁迅先生儿时摘桑椹吃的老桑树，虽然枝干上被风刀霜剑镂刻得瘢痂交错，但仍显得苍劲傲然，生机勃勃。你看，枝条上冒出的嫩黄淡绿的芽苞，不正是谱写春之歌的音符！园里几畦青葱的菜田，一眼古朴的石井，顿使人感到幽静沉寂，却又满目生气。看来，自然界的生物即使在冬天里也不都是垂危的、死亡的，更多的却是孕育，是萌生！

尽管我来的还不是时候，没能听到鸣蝉在树叶里长吟；没有看到肥胖的黄蜂伏在菜花上，轻捷的叫天子忽然从草间直窜向云霄里去了的情景。可单是那一堵

还是当年的短短的泥墙,就给了我以无限的情趣。

泥墙齐腰高,十来步长。墙脚边长满了各种各样的野草,大概就是因为这里的草才命名了这个园吧。现在天冷,可在这些草叶边、草根旁却已透出星星点点青翠欲滴的草尖——这是生命的火苗在升腾,这是又一次对新的希望的追求。它们把绿色献给大地,献给人类,用一次又一次的死亡和新生给人们以奋斗不懈的鼓舞。呵,先生写得多好:他一生"吃下去的是草,挤出来的是奶"!草呵,百草园的草呵,正植被华夏,给进击者以不尽的养料!我不由得弯下身去,摘一片草叶,含在舌尖上,而我的炽热的爱和深沉的思绪却落在草丛里,落在这片土地上!

当年的鲁迅,就是从百草园走向一个决斗场!向一切愚昧宣战;和一切懦弱决裂;同一切黑暗决斗;与一切腐恶较量。倾一腔热血,抛七尺躯体,为振兴中华而驱驰一生。尽管,他在残酷的斗争中过早地耗尽了心血,还没有来得及看到一个民族的乐园的落成。但是,他的信念、他的希望,和百草园的草一样,不为生命结束而消逝,而且孕育出更茂盛、更蓬勃的新春。

小草信仰春天,先生信仰中华必将振兴。现在真的有了风调雨顺的气候,有了流金溢彩的太阳,有了清甜如许的泉源。

站在百草园这堵矮墙旁,我看到绍兴的一条街,人流熙熙攘攘,脚步踏着早春的阳光。站在中国的土地上,朝外望去吧——信息爆炸,宇宙飞航,世界在变革,星球在行进,我们不该像先生那样奋力进击,让中华早一点儿振兴起来,高高地崛立于世界民族之林吗?

百草园的草呵,每一棵都在阳光和雨露的哺育下成长着。我不也是这个园中的一棵草吗?不仅是,更是从百草园里走出来的人!

思,在百草园;在前进的大路上……

"尽管刚刚经受过肃杀的冰雪,百草园内却依然一片苍翠葱茏";老桑树苍劲傲然,生机勃勃;青葱的菜田,"使人感到幽静沉寂,却又满目生气";连小草也"信仰春天"……百草园的一草一木都令人想起一种精神——一种向一切愚昧宣战,与一切腐恶较量的伟大精神。

1.作者在百草园"思"了些什么?

2.文学作品的语言具有形象性、情意性的特点。试分析这篇散文的情意性语言特征。

又到江南赶上春

◆ 郁 风

> 点点串串的梨花,镶在墨绿的松柏间,如成堆
> 的碧玉。而一树饱满的红海棠却艳装婷立。

四月清明后,偷闲十日,奔向江南。

梅花过了,桃花已落。樱花一片厚似粉红色的云,可已经零落了,被新生的嫩叶托住。点点串串的梨花,镶在墨绿的松柏间,如成堆的碧玉。而一树饱满的红海棠却艳装婷立。她说,春正走到我这里。

南京,是雪松和梧桐的城市。50年前看到过新栽的小树,如今已成浓绿的林墙。去时,梧桐树上扭曲粗壮的枝丫如天空上的游龙,回来时已缀上满树新叶。春,总比人走得快。

江南一带,沿着铁路和公路,大约10多年前普遍移植了从川贵冰河期遗留的水杉,这种水杉不同于普通杉树,它在冬天会落尽树叶。到处可见一排排水杉,高低参差,已长成像样的林行。去时,它们在天空的背景上是透明的,如叠印的一座座笔直的尖塔,回来时已缀上一层新绿的纱。我会记住它们,这比人类历史更古老的冰河期的树种,我要将它融入我的画。

在车中,风景迅速向后移动,我渴望再见的油菜花田出现了:一小畦,一大片,夹在绿秧田中,那耀眼的黄。别来无恙,娇黄的油菜花!

我为什么要渴望再见它们呢?这一切都那么熟悉。我又想起娘在我现在的年龄对我们姐妹兄弟说的话:

"我哪儿也不去。什么好风景好地方我都去过了。我只要闭上眼去想,那些地方就都到我眼前了。"

我们猜她是怕我们为她麻烦,陪她出去耽误时间,才故意这么说的。可她一再说这是真的,她能说出她和爸爸当年去过的许多好地方,能说出一切细节,她真的不想再去了。

如今我也到了娘当年的年龄了,可我到过的地方还想再去,没到过的地方,只要条件允许,我也都想去。这是为什么?我也不知道。也许是因为这几年住在国外的缘故吧。

从小到老,无数次春秋,我曾徜徉在江南苏杭宁一带,可就没去过扬州。这一

次,虽然没有"腰缠十万贯",可也下了扬州,果然瘦西湖是瘦,柳色亭台倒映在水中,两岸低矮一片黄紫野花,似伸手可采。这里没有西湖的烟波浩渺,却曲折幽深另有一番风味。

没去过的地方自然有新鲜感。可有时越熟悉的地方越是想去,否则陆游就不会再到沈园了。

江南的春天,我太熟悉了,杏花春雨,远山绿柳黄菜花。可白墙黑瓦矮屋很少见了,变成蓝玻璃窗、大阳台、红屋顶的三层楼。

人们就在变与不变的时空中,感受兴衰的沧桑。

无锡、苏州,一路的高楼大厦,新开发区,五颜六色的广告牌。小桥流水不见了。

值得称道的是扬州市区内的新建筑,特别是餐馆酒店,多数采用中国江南楼台的基本格调。意大利有法律保障历史名城保持古风,即使农村小镇民居外形都保持原有面貌,现代化设施只能在内部。我们的许多城市基建欣欣向荣,却似乎来不及注意到保持原来的文化特点。

50年,斗转星移,沧海桑田。"当年新栽的小树,如今已成浓绿的林墙";当年的白墙黑瓦矮屋很少见了,变成了蓝玻璃窗、大阳台、红屋顶的三层楼;杏花春雨犹在,但小桥流水不见了……

在"见"与"不见","变"与"不变"中,我们分明感到了一种历史的沧桑。

1.作者说"没去过的地方自然有新鲜感,可有时越熟悉的地方越是想去",为什么呢?你也有过这样的感觉吗?为什么"越熟悉的地方越是想去"呢?

2."娘"在"我"现在的年龄时哪儿也不想去,而现在的"我"却"到过的地方,还想再去,没到过的地方,只要条件允许,我也都想去",这种差别仅仅是因为"我"这几年住在国外吗?

怀念春天

◆杨福仁

> 他觉得这座林子是一座神秘的宝殿，有许多
> 许多的东西要他去体悟。

他一个人走着。林子里弥漫着陌生、亲切而又熟悉的泥土松籽味儿。脚下渐苏的草柔软可适。他扎着皮带，背着猎枪。满头是蹦蹦跳跳、叽叽喳喳的鸟儿。他望望它们，一股莫名其妙的酸楚和惆怅涌上来，眼窝里湿润润的。

也许是那个春天，他才领悟爱上这片林区，决定子承父业——护林。父亲退休前，他很野。冬天狩猎，夏天放山，秋天寻林，春天网鸟儿。他渐渐长得结实，浑身洋溢着青春期的活力与冲劲儿。他在春天，他遇见了她。她从城里来，写生。最初给他最强烈的印象是，她穿件月白色的斜襟小褂儿，又白又细的纤指衔着一支涂满彩料的画笔；高高的个子，婷婷的，像林中的小白杨树。他似乎不懂害羞和怯生，看着青绿淡抹的水彩画，羡慕赞叹得要死。他孩子般的问题使她很高兴地喜欢上了他。正是早春嫩寒之际，林子里弥漫着沁人心脾的清香。凉凉的小溪墨青墨青的，是透骨的寒意。他陪她走着、介绍着，俨然他是这座山林的主人。她的脸颊真白，他这样想。他发觉她天性中有着天使般的善良。她说话声音又细又柔，跟你说话像对着大自然的神冥絮语。她胆很小，草丛里一个不起眼的小昆虫就让她娇然称嗔。他觉得自己在她面前好像很高大，一会儿摘朵花儿献给她，一会儿捉个小活物吓她，她像孩子一样生气呢。春阳多么迷人，清纯透明的春风鼓动她的小白衫。他背着猎枪，穿着高筒皮靴，俨然般骑士。鸟儿叽叽喳喳，兴奋之至，举起枪，"啪"——应声坠下一只鸟儿。再回头看，她的秀目大睁，又白又细的手捂着嘴。他不明白。她一步一步，像寻亲的病人，走向草丛。他不介然地一把拾起中弹受伤的鸟，笑着放到她手上。她捧着，像承托着什么庄严。她头低低的。这又让他觉得她的颈子又白又顾。那鸟儿的眼睛由圆圆儿渐渐萎缩成缝儿。胸脯缀满了猩红的小血珠儿，一粒是一粒的。她眼里满是泪。它不行了。在生命结束前，它又拼却全身之力振作了下翅膀，然后就永远不动了。平平静静地躺在她细白的手上。她那月白色的小褂儿被它生命最后振作而溅上一粒小血珠儿，红红的，像宝石。

她走了，没有头绪的风扯动着她的小白褂。她的身子远远的，消瘦又柔弱，又怜又心痛，一股异样的情愫冲激他的咽喉，他想喊什么但没喊出来，望着她那月白色的小褂淹没于林处的尽头……

他一个人留了下来。林子里是那么丰富,那么深情。他觉得这座林子是一座神秘的宝殿,有许多许多的东西要他去体悟。每至春天,他总是要踏进林子,去寻觅他失去的春天,去祭奠那逝去的梦幻般的怀念……

 这是一个关于春天的故事。在春天里,她来了,又走了,带给他无尽的欢乐,也带给了他无尽的思念。她的走,是对他的行为的无声指责,也是对我们的警策。

1.她为何而走?
2.作者说,"每至春天,他总是要踏进林子,去寻觅他失去的春天,去祭奠那逝去的梦幻般的怀念……",那"失去的春天","梦幻般的怀念"的内涵是什么?

春 韵(组诗)

◆杨武 王军

她走上村头摇曳的柳枝/轻盈的舞步舒展出飘逸的仪态

写给早春的嫩芽

在严寒中不屈的蕴蓄后
你奋力于萌动
冰凌的协奏曲是你
生命庄严的升旗礼

你生命的宣言
仅仅是个鹅黄的问号
柔弱的问号却在历史的荒原
勾画出蓬蓬勃勃的希冀

33

春

春,姗姗而来
带着两位诗人
一位是河边的岸柳
一位是放飞的风筝

岸柳
用嫩绿的情怀
在大地吟哦出
葱茏的抒情诗篇

风筝
以浪漫的构思
让欢乐的诗章
扶摇蓝天

于是温馨的春风啊
用她溢情的歌喉
把一首首春天的故事
唱遍人间

春　风

她从小河粼粼的细波上走来
在河沿撒一溜嫩绿的情怀

她走上村头摇曳的柳枝
轻盈的舞步舒展出飘逸的仪态

她走进农家暖融融的小院
絮语悄悄,撩动姑娘心中的爱

她与早耕的小伙儿走向田园
种子的梦,在她的温柔中绽开

她与温润的细雨在田野漫步
浅浅的麦浪涌着她妩媚的风采

这是一组春之赞歌。作者撷取几个有典型意义的事物予以吟咏,表现了春的顽强、坚韧,春的活力和春的美好。

1. 在第一首诗中,作者通过描写早春的嫩芽,告诉了我们什么?
2. 这组诗的顺序能够变动吗?为什么?
3. 读过《白杨礼赞》吗?与这组诗相比较,它们有什么异同?

春　愁

◆庄　因

警剌之,策惕之,纵不一定要闻鸡起舞,惜春莫负流光,总可使自己一颗远悬的中国心,生生沥沥,永葆青春不老。

才始送春归,又送君归去,若于江南赶上春,千万和春住。
　　　　　　　　　　　　　——秦观:《卜算子》

机场送罢游子还乡,归得家来,略感厌倦。遂泖清茶一杯,径入后园。猛抬头,见满园碧翠,桃李早谢,蓦觉春分已过,春深矣! 但仍不愿置信,赶返屋内,细览挂历,方知春分果然已过,而阳历方始立春,不免气苦。

世间有好些事,原是不厌其重叠反复的,也有好些事,期盼其再来,而终一去不返。一年过两个春天，大概是如此的罢。这虽不是合乎逻辑的说法，于情则似乎并非不可，终究是无伤大雅的韵事。不像过生日，如果利用阴(历)错阳(历)差，硬庆祝两次，若非有撒赖之嫌，即难辞糊涂之讥了。洋人过生日要吃蛋糕，糕上独插小蜡烛。我对操刀肢解蛋糕一事，已很不爽然，仿佛有死后不得善终的兆头。而小蜡烛明看乃"生命之光"，烛与年俱增，寿则随岁递减，一烛一华年，这种反讽未免残酷强烈。而到了众人准备鼓掌欢呼，高唱生辰快乐之歌，寿星待吹熄蜡烛之际，眼见光消热退，前景惨淡凄凉，去日无多，就非得"鼓足勇气"不可了。相形之下，终觉还是中国办法比较开明适性。言为祝"寿"，足有年年看好之意，而无瞬息明暗之感。一碗寿面，热热火火，皆大欢喜。

我家后院常有好鸟暂栖乱鸣，独不见燕子。其实，细雨斜风，剪空掠影的画面并不应只有江南才有。台湾乡下就仍然看得着的。加州的天气，一似江南，但也鲜有桃红柳绿宜人春景，即便有了，气氛尚觉不对。看来江南也只得一处，在九州。四时递转，虽云异国亦然，却无情如是，也罢！

前些天春雨连绵，淅沥晨昏。入夜之后，也不闻檐前滴漏，是因洋铁皮的排水管毫不留情，全数截走，把你一点怀念的凭借意象都夺走了。但这却也减不了我对春的敏感度，惜春之大，总是不会寂寞的。虽说没有"夜来风雨声，花落知多少"的诗心，一地李花，飘零似雪，也为我翌日晨晓推窗时牵起家国之思来，这种思念，经由春光烘托，益其温暖烂漫，浩浩荡荡，明媚千万里，无涯便也近在咫尺了。

今年报春最早的是杏花。那株老树，每年繁华枝头，自抽芽、含苞、怒绽，到新叶扶疏，不过短短十数日罢，竟是那般殷勤缱绻，将春留住，使得我在营营匆匆之中，尚有几许欣慰，免却了负春之疚。然则，去年春夏之交，不知何故，招来妒春绿色小虫，把满树枝叶啮败摧害，春残如是，很是令人在伤感之余，不能忍受，遂将枝叶悉数斫斩，独剩老干萧条。心想，今年是定然看不见"红杏枝头春意闹"的了。孰知其仍属后院中首先抽芽，喜报春消息的呢！不服老的精神，原也系予人如春之感的一种表现，我简直在讶佩之余，更肃然起敬了。

其实，报春应是迎春花的事。可惜清雅如此的名字，竟被英文 Dogwood 把美感破坏一尽，气愤之下，我未在园中栽培。洋人总是在该讲求"名"的时候而不讲求，不懂以名饰美怡悦之趣。大众食品的"热狗"(Hotdog)，便是一例(中国菜名中有"蚂蚁上树"一味，焚琴煮鹤以至如此，始作俑者，真该掘墓鞭尸才是)。而名姓中竟有以"木匠"(Carpenter)、"铁匠"(Blacksmith)、"鞋匠"(Shoemaker)、"沉溺爱河"(Lovejoy)等为之的，真可谓"匠气十足"、"贻笑大方"。

桃与李，虽说向素在春前争妍妒媚的，招蜂引蝶，终不脱佻薄欠庄，自家园中是不种的。后院隔墙就有桃李各一株，盛开的时候，分享一点颜色也就够了。我们沿墙里的是茶花，共得八株。大红、水红及白色各两株，花开直径如柑大小；粉红色一株，绛红一株，花较小，长蕊吐金。晨起赏花，真有"一枝红艳露凝香"之致。美国佬酷爱玫瑰，制成各种化肥助其早熟，于是乎弄得枝粗叶肥，花团巨硕，且高可过人。其冶艳缭乱，搔首弄姿。就跟美国大姐丰胸健脯而失婷婷娟秀一样，是不禁看的。茶花冷赧矜丽，婉约蕴讷，堪值"为伊消得人憔悴"。春色恼人是实，但止于"眠不得"的境界最好，收敛并不是示弱，过于外放进取，易导自伤的。

园中还有剑兰一种，约十数枝。花淡而雅，自是我喜爱原因。但犹有甚者，其茎叶劲拔，极富豪气，也可将园中浓柔气氛稍加抖擞。警刺之、策惕之，纵不一定要闻鸡起舞，惜春莫负流光，总可使自己一颗远悬的中国心，生生沥沥，永葆青春不老。

花色已多，应该有一棵园柳，那就会使得杏园春色，随柳浪而荡漾无边了。来美后，游玩过的地方不算多，却也见到几处有柳树的。最好的一处是在距此南下约百里的茂地莱(Montereg)。市区中有一公园，小桥跨池，直通柳阴深处。池中有鸭，踏乱柳影，很有江南早春风景。当然，"池塘生春草，园柳变鸣禽"，想要在小小后院里求之，未免过奢了。然则，欲占尽春色，又有什么大不该呢？也罢，反正后园有椒树(Peppr Tree)一棵，枝繁叶茂，也弯垂似柳，只不过没有柳条的细密柔长罢了。那么，一心把它视成柳树，我这有心人也算是煞费一番苦心的。

站在园中，手攀椒枝而环顾四周，所得印象是春色满园。然则，仍是我心快快。身在异国，乡关迢远，徒有"杏园"之名。倘若易地移身，不必回到唐代长安，就是人在台北的话，似乎也可以长安曲江下苑，年年有新科进士游宴赏春之处的"杏园"自比，得与炎黄士子论学畅言，岂非十全之美！

归去！归去！"更能消几番风雨，匆匆春又归去。惜春长怕花开早，何况落红无数。春且住，见说道，天涯芳草无归路！"

心灵体验

伤春愁秋，是中国古典文学作品中的常见主题，而一个愁字，更是被善感的诗人骚客们吟咏个没完没了，"恰似一江春水向东流"。然而，古人旧情怀，今人新愁绪，这个愁字看来注定还得写下去。作者并不是仅仅书写泛泛的春愁，而是借春愁寄托自己无尽的乡思。

1. 文前引宋词一首意义何在？

2. 你如何理解作者在文中反复提到的江南？

3. 作者的"春愁"愁的是什么？

春

◆涂志摩

蚱蜢匍伏在钱花胸前，/钱花羞得不住的摇头，/草
里忽伸出只藕嫩的手，/将孟浪的跳虫拦腰紧拗。

河水在夕阳里缓流，
暮霞胶抹树干树头；
蚱蜢飞，蚱蜢戏吻草光光，
我在春草里看看走走。

蚱蜢匍伏在钱花胸前，
钱花羞得不住的摇头，
草里忽伸出只藕嫩的手，
将孟浪的跳虫拦腰紧拗。

金花菜，银花菜，星星澜澜，
点缀着天然温暖的青毡，
青毡上青年的情耦，
情意胶胶，情话啾啾。

我点头微笑，南向前走，
观赏这青透青透的园囿，
树尽交柯，草也骈偶，
到处是缱绻，是绸缪。

雀儿在人前猥盼亵语，

人在草处心欢面报,
我羡他们的双双对对,
有谁羡我孤独的徘徊?

孤独的徘徊!
我心须何尝不热奋震颤,
答应这青青的呼唤,
燃点着希望灿灿,
春呀!你在我怀抱中也!

 心灵体验

　　春是灵动的,跳跃的,灿烂的,也是热血沸腾,充满着无限希望的。

 放飞思维

1.试着赏析本诗的语言美。
2.如何理解"春呀!你在我怀抱中也!"?

春天的乡愁

◆佚 名

　　竹林在风中飒飒地细语,背向我的村庄我的
童年走出了那么远,我再也听不懂它们的话了。

　　课本里有一首儿歌:"春夜静悄悄 / 小鸟睡着了 / 树上的小花苞 / 还在微微笑 / 春夜静悄悄 / 小鸟睡着了 / 竹林里的小竹笋 / 偷偷在长高"。孩子们朗朗地读着,令我怦然心动,此刻,我华发的双亲,正在百里之外的小村,享受着这样的春天。许多年了,受他们的影响,我一直习惯于将那片不常谋面的土地称为家。而日日归来,雕花的防盗门和狭小的城市院落,倒更像一个寄居的寓所。
　　有位哲人说过,家是生命的本原。王朔则在《动物凶猛》的开头直率地写道:"我羡慕那些来自乡村的人,在他们的记忆里总有一个回味无穷的故乡,尽管那故乡可能是贫穷的僻壤,但只要他们乐意,便可以尽情地遐想自己丢失殆尽的某些

39

东西,仍可靠地寄存在那个一无所知的故乡,从而自我原宥和自我安慰。"在类似布满了心灵裂痕的语境中,世界末的中国城市,正悄然涌动着一种浓重的乡愁。史载张翰因见秋风起,乃思家乡鲈脍莼羹,浩然长叹:"人生贵适意,何能羁宦数千里,以要名爵。"遂命驾而归。现代人没有这份潇洒,只好无奈地借助文字让灵魂在想像中踏上还乡之路。

高歌猛进的都市化过程,就这样负荷着我们繁复的感情,关于进步的信念正在一个物化的现实中得到印证并实现。同时,家、故园正在消失。"没有遗迹,一切都被削夺得干干净净。"现代的交通工具和通讯手段大大缩短了物理时空的距离,但正是这样的时代,使人惆怅万千地感慨:云横秦岭家何在。

我在农村里度过了整个童年,家对我的概念是清晰的。不仅止一亩方圆的老宅,还有绵延几里路的竹林。阡陌纵横,绿畴弥望,外婆生前在那里劳作,死后她的灵魂,又化作田头的粉蝶和野花。有一个实实在在的故园在那里,只要愿意,便"青春作伴好还乡",同许多人比起来,我似乎幸运一点儿。

孩子们的读书声带出无边的乡愁。春天了,草叶漫过脚背,我曾经游荡在田野里,认着各种植物,凭自己的好恶与兴致给它们命名。我的露珠晶莹的童年,尝着甜甜的花蕊、小心翼翼地探望和猜测一只空鸟巢的童年啊!

终于看见了遥远的红房子,杏花正盛,叶子在枝头绿着,春天如家,阳光以说不出的明媚照耀着眼前的风景。一时竟使我饱含泪水。竹林在风中飒飒地细语,背向我的村庄我的童年走出了那么远,我再也听不懂它们的话了。岁月和生活就是这样改变了一切,我没有成为城市乖巧的女儿,悲哀的是,与故园相对,我们竟也不再彼此认识了。

青砖红瓦,褪色的窗花,家此刻正在眼前然而又千里万里。

心灵体验　　读完本文,你似乎是正在浓浓的乡情中,不紧不慢地喝着醇厚而不浓酽的酒,渐入微醉的佳境,那种感觉真是一种人生享受。

放飞思维　　1.开篇引用儿歌意义何在?
　　2.作者是如何叙写乡愁的?

春　鸟

◆臧克家

美妙的音流,/从绿树的云间,/从蓝天的海
上,/汇成了活泼自由的一潭。

当我带着梦里的心跳,
睁大发狂的眼睛,
把黎明叫到了我的窗纸上——
你真理一样的歌声。
我吐一口长气,
拊一下心胸,
从床上的恶梦
走进了地上的恶梦。
歌声,
像煞黑天上的星星,
越听越灿烂,
像若干只女神的手
一齐按着生命的键。
美妙的音流,
从绿树的云间,
从蓝天的海上,
汇成了活泼自由的一潭。
是应该放开嗓子
歌唱自己的季节,
歌声的警钟,
把宇宙
从冬眠的床上叫醒,
寒冷被踏死了,
到处是东风的脚踪。
你的口
歌向青山,

41

青山添了媚眼；
你的口
歌向流水，
流水野孩子一般；
你的口
歌向草木，
草木开出了青春的花朵；
你的口
歌向大地，
大地的身子应声酥软；
蛰虫听到你的歌声，
揭开土被
到太阳底下去爬行；
人类听到你的歌声
活力冲涌得仿佛新生；
而我，有着同样早醒的一颗诗心，
也是同样的不惯寒冷，
我也有一串生命的歌，
我想唱，像你一样，
但是，我的喉头上锁着链子，
我的嗓子在痛苦地发痒。

现实主义的创作方法，加上浓厚的浪漫气息，抒写了当时黑暗现实的环境之下诗人对真理的追求和渴望。诗人把春鸟的歌声，与人的精神状况和春天的自然景色联系起来，以昂扬的排比句歌颂春鸟歌声对生命的警醒，对自然万物的起死回生。诗人视春鸟为楷模，希望能挣脱喉头上的锁链自由自在地歌唱，也为人的自由歌唱。

1.这首诗运用了哪些修辞手法？试作具体分析。
2.作者是如何描绘春天的自然景色的？
3.你认为春鸟的歌声美在哪里？

　　从古至今,人们说不尽春花秋月冬雪,独对于夏,不那么钟情。其实,夏天又有何不好呢?在四季之中,这是最浓墨重彩的一季。大自然似乎倾其所能地赋予万物最勃发的生命力。

夏日情怀

天上一个月亮

水里一个月亮

天上的月亮在水里

水里的月亮在天上

低头看水里

抬头看天上

看月亮　思故乡

一个在水里

一个在天上

夏　天

◆梁容若

夏天教我们成长，教我们率真、亲近自然，教我们克服艰难和考验。

夏天是长大的时期。夏本来就当大讲，方言里说："凡物之壮大而爱伟者谓之夏。"生物从小到大，本来是天天长的，不过夏天的长是跳跃地长、蹦节子地长，活生生地看得见地长。您在豆棚瓜架上看绿蔓，一天可以长出几寸；您到竹子林、高粱地里听声音，在吧吧的声响里，一夜可以多出半节。昨天是苞蕾，今天是鲜花，明天就变成了小果实。一块白石头，几天不见，就长满了苔藓；一片黄泥土，几天不见，就变成了草坪菜畦。邻家的小猫小狗小鸡小鸭，个把月不过来，再会面儿，它已经有了他妈的一半大。草长树木长，山是一天一天变丰满，稻秧长，甘蔗长，地是一天一天地高起来。水长瀑布长，河也是一天一天地变深变大。俗话说："不热不长，不热不大。"跟着太阳的增加威力，温度的增加，什么都在生长。最热的时候，铁路的铁轨也涨出来，把接着地方的缝儿几乎填满。柏油路也软绵绵的，像是高起来。一过夏天，小学生有的成了中学生，中学生有的成了大学生。升级、跳班，快点儿慢点儿，总是要长。北方农家的谚语说："六月六，看谷秀。"又说："处暑不出头，割谷喂老牛。"农作物到了该长的时候不长，或是长的太慢，就没有收成的希望。人也是一样，要赶时候，赶热天，尽量地用力量地长。

夏天教人回到自然，从衣服里解放出来，从房屋里解放出来，从一切矫揉造作的生活环境里解放出来，海水浴、河水浴、大雨浇头，使我们领略一下天然水的感觉和滋味，睡在草地上，树阴下，河边，山坡，不论是枕着自己的胳膊，或是石头土块，总可以闻到泥土的真气息。在"汗滴禾下土"的时候，晒太阳才晒得真够，太阳有多么热，也可以理解到七成。十成的太阳味儿要到沙漠旅行里去享受。要是伸过帘栊窗纱，透过赤裸裸的胸前背后，头上脚下，风的冷热软硬才有点儿真接触。"栉风"、"乘长风"、"凌风飞"的种种比喻，才可以想像体味一下。水、土、太阳、空气是我们天天赖以生活的东西，可是不到夏天，什么都知道得不真切，什么都享受得不充分。夏天跟一切的虚伪矫揉造作开玩笑。垫肩的衣服不好穿，假乳不好戴，浓妆艳抹，一遇到流汗，就弄得十分难看。不敢光腿光脚的人，也容易被猜想腿上脚上有瘢痕，有缺点，见不得人。一个人的美丑强弱，从夏天看，从浴场看，最容易接近真相，最没有掩饰。

夏天给人们种种磨难和考验，训练人的耐性、智慧跟机敏。苍蝇、蚊虫、臭虫、蟑螂都在夏天大活跃，暴风雨、霹雳、冰雹也是夏天多。一不小心，就可以遭到非常的灾害。您要当农人，要防备几天的旱涝，会造成一年的歉收；一场小病，会教草吃了禾苗。您要做商人，要当心仓库货品的霉烂、码头火车上的淋雨，可以使您的血本一下子赔光。您要做工人，也须预备风里雨里，教您的建筑营造突然停止，大热天使您的工作效率无法估计。您要当医生，也须估计病人的"夏瘦""怯夏"，减少了抵抗力。气候的突变，使正在恢复的病人，遭到波折。传染病的蔓延，肠胃病的增加，也使得您更累更烦。您要当学生，暑假可不是休假的时候，正像传说里鲤鱼跳龙门一样，是过关前进的时机。升级考，升学考，转学考，就业考，一两天的成败得失，常常决定着一个人一生的命运。耐不住磨难，经不起考验的，只有碰得遍体鳞伤，血淋淋地退下来。

过分地讴歌夏天，好像有点儿不近人情。反过来，诅咒夏天，也是没有用的。夏是一年一回来到，不因为我们欢喜而放长，也不因为我们厌恶而缩短，怕也没有用，逃也逃不掉。那么还是充分地利用夏天，享受夏天，对付夏天吧！您记得诸葛孔明征南的故事吗？他选择了五月的大热天过泸水，越热越大胆，越热越硬干，越热越聪明。再想到"五一"是国际劳动节，"五四"是新文化运动纪念日，有多少伟大的事业是在热天起始作呢！夏天可不是昏吃闷睡的时候。就是高吟着"手倦抛书午梦长"的诗人，也是为了睡醒好乘凉再想点什么，写点什么吧！有一句话说："六月不出门的活神仙"。那是神仙的事，不是人的事，人长腿就为了出门啊！

夏天教我们成长，教我们率真、亲近自然，教我们克服艰难和考验。

在一般人的心中，夏似乎是一个顽性不改的孩子，调皮得不那么可爱。然而，作者却认为，夏极有情致，是长大的时期，是教我们率真、亲近自然，教我们克服艰难跟考验的时期。

1.写两条你熟知的农谚。
2.读完本文，请你以"夏天的启示"为题写一段文字。

萤　火

◆吴其敏

> 乡中的夏天，可供恋念的事物很多，特别是儿时：捉蝌蚪，扑流萤，那种种乐趣，会使你怀思到老，拂拭不去永存心板的梦痕。

一到初夏，我便常常忆起乡间生活在水涯草际的萤火虫。

乡中的夏天，可供恋念的事物很多，特别是儿时：捉蝌蚪，扑流萤，那种种乐趣，会使你怀思到老，拂拭不去永存心板的梦痕。

昆虫界中，我特别喜爱萤火，是有一段宿因的。

远在塾里启蒙时候，老师为了鼓励我们用功读书，常常给讲些"引锥刺股"、"凿壁借光"一类的故事，其中给我印象最深的是《晋书》上所记载的车胤"囊萤"故事，和《尚友录》上所记载的孙康"映雪"故事。车胤、孙康都是晋人，这使我想起晋时人物一股好学穷思的流风余韵，这是后话。但在当时，对于这两位家贫而苦学的人，因无油点灯，迫得要借助于夏天的萤火，与冬季的雪光，那份勤劬之情，却是由衷地加以崇拜的。也正因此爱屋及乌，对于"雪"和"萤"亦有了特殊的好感。

雪，儿时在故乡是无法见到的，光凭文字的描写或图画的摹绘得不到具体的印象，但萤火就不同了，每到夏秋，水涯草际，熠熠飞流，一自髫年，即成为我们的良伴。

聊斋的《连锁》篇中，有一首诗说是："玄夜凄风却倒吹，流萤惹草复沾帏。"江南地方，早在初春时候，便有了惹草沾帏的萤火，可是在南国，非到初夏，萤火就不露脸为人所见。

夏天来了，不论在小院里，或在广庭中，尤其是那些林阴泽畔，有水有草，更是适宜于流萤栖息的地方，点点紫光，和暗蓝的天壁上所镶嵌的星星，上下辉耀，情趣是异样迷人的。

萤火不独可供贫而好学者"借光"，不独可供美丽的夏夜风光作了无偿点缀，它本身还是一种有益于农事的昆虫，不论成虫与幼虫，都是以各种伤害稻麦的害虫为食料。我想这也许更是使它取得人们更亲厚更深刻的情感的因素之一。

总之，夏天来了，萤火总是使人相思的，每一提起，心就驰骋到故乡的水涯草际去了。

《萤火》抒发的是一片思乡之情,它因初夏的萤火而起,被萤火点亮。

全文篇幅短小,叙事简约空灵,最令人感动的,是字里行间所流动的情感,这情感源于对童年美好记忆的追怀,源于对故乡情景的思念与爱,它们因萤火而重现,也被萤火全部包涵。

1.查找有关资料,学习关于萤火的科学知识。

2.作者为什么特别喜爱萤火?

3.仔细体味"总之,夏天来了,萤火总是使人相思的,每一提起,心就驰骋到故乡的水涯草际去了。"

夏 之 绝 句

◆佚 名

> 风是幕后工作者,负责把它们推向天空,而蝉是拉拉队,在枝头努力叫闹。没有裁判。

春天,像一篇巨制的骈俪文,而夏天,像一首绝句。

已有许久,未尝去关心蝉声。耳朵忙着听车声,听综艺节目的敲打声,听售票小姐不耐烦的声音,听朋友附在耳朵旁低低哑哑的秘密声……应该找一条清澈洁净的河水洗洗我的耳朵,因为我听不见蝉声。

于是,夏天什么时候跨了门槛进来我并不知道,直到那天上文学史课的时候,突然四面楚歌、鸣金击鼓一般,所有的蝉都同时叫了起来,把我吓一跳。我提笔的手势搁浅在半空中,无法评点眼前这看不见、摸不到的一卷声音!多惊讶!把我整个心思都吸了过去,就像铁沙冲向磁铁那样。但当我屏气凝神正听得起劲的时候,又突然,不约而同地全都住了嘴,这蝉,又吓我一跳!就像一条绳子,蝉声把我的心扎捆得紧紧的,突然在毫无警告的情况下松了绑,于是我的一颗心就毫无准备地散了开来,如奋力跃向天空的浪头,不小心跌向沙滩!

夏天什么时候跨了门槛进来我竟不知道!

是一扇有树叶的窗,圆圆扁扁的小叶子像门帘上的花鸟绣,当然更活泼些。风

48

一泼过去,它们就"刷"一声地晃荡起来,我似乎还听见嘻嘻哈哈的笑声,多像一群小顽童在比赛荡秋千!风是幕后工作者,负责把它们推向天空,而蝉是拉拉队,在枝头努力叫闹。没有裁判。

我不禁想起童年,我的小童年。因为这些愉快的音符太像一卷录音带,让我把童年的声音又一一捡回来。

首先捡的是蝉声。

那时,最兴奋的事不是听蝉而是捉蝉。小孩子总喜欢把令他好奇的东西都一一放在手掌中赏玩一番,我也不例外。念小学时,上课分上下午班,这是一二年级的小朋友才有的优待,可见我那时还小。上学时有四条路可以走,其中一条沿着河,岸边高树浓荫,常常遮掉半个天空。虽然附近也有田园农舍,可是人迹罕至,对我们而言,真是又远又幽深,让人觉得怕怕的。然而,一星期总有好多趟,是从那儿经过的,尤其是夏天。轮到下午班的时候,我们总会呼朋引伴地一起走那条路,没有别的目的,只为了捉蝉。

你能想像一群小学生,穿卡其短裤,戴着黄色小帽子,或吊带褶裙,乖乖地把"碗公帽"的松紧带贴在脸沿的一群小男生小女生,书包搁在路边,也不怕掉到河里,也不怕钩破衣服,更不怕破皮流血,就一脚上一脚下地直往树的怀里钻的那副猛劲吗?只因为树上有蝉。蝉声是一阵袭人的浪,不小心掉进小孩子的心湖,于是湖心抛出千万圈涟漪如千万条绳子,要逮捕阵浪。"抓到了!抓到了!"有人在树上喊。赶快下面有人打开火柴盒把蝉关了进去。不敢多看一眼,怕它飞走了。那种紧张就像天方夜谭里,那个渔夫用计把巨魔骗进古坛之后,赶忙封好符咒再不敢去碰它一般。可是,那轻纱的薄翼却已在小孩们的两颗太阳中,留下了一季的闪烁。

到了教室,大家互相炫耀铅笔盒里的小动物——蝉、天牛、金龟子。有的用蝉换天牛,有的用金龟子换蝉。大家互相交换也互相赠送,有的乞求几片叶子,喂他铅笔盒或火柴盒里的小宝贝。那时候打开铅笔盒就像开保险柜一般小心,心里痒痒的时候,也只敢凑一只眼睛开一个小缝去瞄几眼。上课的时候,老师在前面呱啦呱啦地讲,我们两眼瞪着前面,两只手却在抽屉里翻玩着"聚宝盒",耳朵专心地听着金龟子在铅笔盒里拍翅的声音,愈听愈心花怒放,禁不住开个缝,把指头伸进去按一按金龟子,叫它安静些,或是摸一摸敛着翅的蝉,也拉一拉天牛的一对长角,看是不是又多长一节? 不过,偶尔不小心,会被天牛咬了一口,它大概颇不喜欢那长长扁扁被戳得满是小洞的铅笔盒吧!

整个夏季,我们都兴高采烈地强迫蝉从枝头搬家到铅笔盒来,但是铅笔盒却从来不会变成音乐盒,蝉依旧在河边高高的树上叫,整个夏季,蝉声也没少了中音或低音,依旧是完美无缺的和音。

捉得住蝉,却捉不住蝉声。

夏乃声音的季节,有雨打,有雷响、蛙声、鸟鸣及蝉唱。蝉声足以代表夏,故夏天像一首绝句。

绝句该吟该诵,或添几个衬字歌唱一番。蝉是大自然的一队合唱团,以优美的音色,明朗的节律,吟诵着一首绝句,这绝句不在唐诗选不在宋诗集,不是王维的也不是李白的,是蝉对季节的感触,是它们对仲夏有共同的情感,而写成的一首抒情诗。诗中自有其生命情调,有点儿近乎自然诗派的朴质,又有些旷达飘逸,更多的时候,尤其当它们不约而同地收住声音时,我觉得它们胸臆之中,似乎有许多豪情悲壮的故事要讲。也许,是一首抒情的边塞诗。

晨间听蝉,想其高洁。蝉该是有翅膀中的隐士吧!高踞树梢,餐风饮露,不食人间烟火。那蝉声在晨光朦胧之中分外轻逸,似远似近,又似有似无。一段蝉唱之后,自己的心灵也跟着透明澄净起来,有一种"何处惹尘埃"的了悟。蝉亦是禅。

午后也有蝉,但喧嚣了点儿。像一群吟游诗人,不期然地相遇在树阴下,闲散地歇它们的脚。拉拉杂杂地,他们谈天探询、问候季节,倒没有人想作诗,于是声浪阵阵,缺乏韵律也没的押韵。他们也交换流浪的方向,但并不热心,因为"流浪",其实并没有方向。

我喜欢一面听蝉一面散步。在黄昏,走进蝉声的世界里,正如欣赏一场音乐演唱会一般,如果懂得去听的话。有时候我们抱怨世界愈来愈丑了,现代文明的噪音太多了;其实在一滩浊流之中,何尝没有一潭清泉?在机器声交织的音图里,也有所谓的"天籁"。我们只是太忙罢了,忙得与美的事物擦身而过都不知不觉。也太专注于自己,生活的镜头只摄取自我喜怒哀乐的大特写,其他种种,都是一派模糊的背景。如果能退后一步看看四周。也许我们会发觉整个图案都变了,变的不是图案本身,而是我们的视野。所以,偶尔放慢脚步,让眼眸以最大的可能性把天地随意浏览一番,我们将恍然大悟,世界还是时时在装扮着自己的。而有什么比一面散步一面听蝉声更让人心旷神怡?听听亲朋好友的倾诉,这是我们常有的经验。聆听万物的倾诉,对我们而言,亦非难事,不是吗?

聆听,也是艺术。大自然的宽阔是最佳的音响设备。想像那一队一队的雄蝉敛翅据在不同的树梢端,像交响乐团的团员各自站在舞台上一般。只要有只蝉起个音,接着声音就纷纷出了笼。它们各以最美的音色献给你,字字都是真心话,句句来自丹田。它们有鲜明的节奏感,不同的韵律表示不同的心情。它们有时合唱有时齐唱,也有独唱,包括和音,高低分明。它们不需要指挥也无需歌谱,它们是天生的歌者,歌声如行云如流水,让人了却忧虑,悠游其中。又如澎涛又如骇浪,拍打着你心底沉淀的情绪,顷刻间,你便觉得那蝉声宛如狂浪淘沙般地攫走了你紧紧扎在手里的轻愁。蝉声亦有甜美温柔如夜的语言的时候,那该是情歌吧!总是一句三叠,像那倾吐不尽的缠绵。而蝉声的急促,在最高涨的音符处突地戛然而止,更像一篇锦绣文章被猛然撕裂,散落一地的铿锵字句,掷地如金石声,而后寂寂寥寥成了断简残篇,徒留给人一些怅惘、一些感伤。何尝不是生命之歌?蝉声。

　　而每年每年,蝉声依旧,依旧像一首绝句,平平仄仄平。

心灵体验

　　《夏之绝句》首先吸引我们的,便是作者细致入微的感受、新颖贴切的意象和机警妩媚的文句。整篇散文犹如一绝佳咏蝉诗章。蝉声也许仅仅出于对于季节的感触与吟唱,但在会心人看来,这大自然完美无缺的和音,时而缠绵时而高涨,时而涤你清愁时而撩你感伤,正应该成为我们时时牵挂的生命意象。

放飞思维

　　1. 夏天是什么时候跨了门槛进来?试用文章中的文字表述。
　　2. 为什么说夏天像一首绝句?从文中找出一句话加以说明。
　　3. 作者写"听蝉"与本文的主题有什么关系?

夏 日 一 页

◆苏 叶

　　　　一重接一重的雨帘溅起一慢接一慢的雨网,
　　　蒙蒙的雨网里又腾起细如雪粉似的雨雾,雨雾又
　　　在风中烟一样飘散着,粗猛的与轻柔的竟这样纠
　　　缠在一起了。

　　下午,天顿时黑了。乌云像沉沉的黑潮,威严不语地漫压过来,像要审判什么。接着扔下几颗铜板大的雨瓣,像第一批子弹,沉重地打在惨白的阳台上"啪、啪"地响。然后白杨树全部向东弓起身子。风从西方来。树叶露出银白色的背,像千万片鱼鳞,索索乱颤。它们比天空还亮。天愈见黑下来,可说伸手不见五指了。一两只离群的雨燕亢奋地乱扇着翅膀,高也不是低也不是地乱撞,在阴沉的天幕下划着尖锐的弧线,并发出一两声挤紧了的尖叫。雨水忽然排枪似的射来了,紧跟着似憋

51

急了的千军万马兀然脱缰而来。楼与楼之间顿时模糊。风更大了,一根枯枝被风扬起,丢来丢去,像交响乐中一支魔怔了的指挥棒。一个气鼓鼓的塑料袋则像造谣者的一个谎言,在低矮的屋顶上廉价地打着滚,说到哪儿算哪儿,完全管不住自己了。树身以更大的弧度弯下腰去,闪电像一条条欢乐的银鱼,在乌云中漂亮地一跃,一跃。雷闷闷地哼了几声,突然一个喷嚏,大吼一声,不可遏制的隆隆声便如震怒的天庭里猛撸的金瓜狠敲狠砸起来。天发颤,地打抖,时间死了。只有暴躁的雨水放肆地狂欢着。一重接一重的雨帘溅起一幔接一幔的雨网,蒙蒙的雨网里又腾起细如雪粉似的雨雾,雨雾又在风中烟一样飘散着,粗猛的与轻柔的竟这样纠缠在一起了。

电停了。

点起蜡烛,烛也灭了。

夜里,风雨终于累息了。

早晨,地是湿的。满路的青枝乱叶。

我们踩着积水,去鸡鸣寺豁蒙楼上坐。

凭窗品茗,窗外是一个被搓洗过的清凉世界。但见玄武湖里水波淼淼,紫金山麓云烟弥茫。一群白鸽依恋着苍绿起苔的古城墙,去了又回,久久盘桓。台风还有一点点尾巴。青灰色的天,一会儿驰过大片阴云,一会儿抛洒下几丝凉雨。像一个落寞美人写在素帕上的诗句。赛艇犹如一只细长的蚱蜢,猛蹬着自己的脚——两只桨,在发亮的那一片湖水中一窜而过。而近楼台杂树的这一边,湖水却像铅块一样寂暗下来,似乎心事更重重了。

吹开桌面上的浮尘,起身走去,大殿里传来做法事超度亡灵的诵经声,钟磬也悠然。铜鼎里的青烟思绪袅袅,红烛在昏黄的光焰里垂着残泪。山门外有不少大梧桐树被连根拔起,掼倒在人行道上,像一个个阵亡了的战士。而空气里只嗅得见温存潮润的草香了。

我要弟弟等我一等,我要去佛前许一个愿。

作者在《夏日一页》中,把自己的才情和气势都挥洒进了一场暴风雨。文中运用了大量出色的比喻,新奇的意象从雨前、雨中一直贯彻到雨后,使得这场雨不但来得威猛有势,而且兼具雨声、雨色,不无雨态、雨趣。

放飞思维

1. 作者是如何描绘夏日雨前景色的？
2. 夏日雨后景色如何？
3. 文末"我要弟弟等我一等，我要去佛前许一个愿。"展开联想写一段话，说说我会许个什么愿？

夏　　感

◆ 梁　衡

> 火红的太阳烘烤着一片金黄的大地，麦浪翻滚着，扑打着远处的山，天上的云，扑打着公路上的汽车，像海浪涌着一艘艘的舰船。

　　充满整个夏天的是一个紧张、热烈、急促的旋律。好像炉子上的一锅冷水在逐渐泛泡、冒气而终于沸腾一样，山坡上的芊芊细草渐渐滋成一片密密的厚发，林带上的淡淡绿烟也凝成了一堵黛色长墙。轻飞曼舞的蜂蝶不多见了，却换来烦人的蝉儿，潜在树叶间一声声地长鸣。火红的太阳烘烤着一片金黄的大地，麦浪翻滚着，扑打着远处的山，天上的云，扑打着公路上的汽车，像海浪涌着一艘艘的舰船。金色主宰了世界上的一切，热风浮动着，飘过田野，吹送着已熟透了的麦香。那春天的灵秀之气经过半年的积蓄，这时已酿成一种磅礴之势，在田野上滚动，在天地间升腾。夏天到了。

　　夏天的色彩是金黄的。按绘画的观点，这大约有其中的道理。春之色为冷的绿，如碧波，如嫩竹，贮满希望之情；秋之色为热的赤，如夕阳，如红叶，标志着事物的终极。夏正当春华秋实之间，自然应了这中性的黄色——收获之已有而希望还未尽，正是一个承前启后，生命交替的旺季。你看，麦子刚刚割过，田间那挑着七八片绿叶的棉苗，那朝天举着喇叭筒的高粱、玉米，那在地上匍匐前进的瓜秧，无不迸发出旺盛的活力。这时她们已不是在春风微雨中细滋慢长，而是在暑气的蒸腾下，蓬蓬勃发，向秋的终点作着最后的冲刺。

　　夏天的旋律是紧张的，人们的每一根神经都被绷紧。你看田间那些挥镰的农民，弯着腰，流着汗，只是想着快割，快割；麦子上场了，又想着快打，快打。他们早起晚睡亦够苦了，半夜醒来还要听听窗纸，可是起了风；看看窗外，天空可是遮上了云。麦子打完了，该松一口气了，又得赶快去给秋苗追肥、浇水。"田家少闲月，五

53

月人倍忙",他们的肩上挑着夏秋两季。

　　遗憾的是,历代文人不知写了多少春花秋月,却极少有夏的影子。大概,春日融融,秋波澹澹,而夏呢,总是浸在苦涩的汗水里。有闲情逸致的人,自然不喜欢这种紧张的旋律。

　　在春日融融、秋波澹澹的对比映衬下,作者打破文坛常例,为夏季唱一首赞歌。作者着重渲染的是有关夏的一种氛围,一种感受,一种气势,即夏天的总的旋律:热烈、紧张、升腾、勃发。

　　1.说说这篇文章在构思上的特色?
　　2.作者选取了哪三个层面来勾勒夏天?
　　3.作者认为夏天是什么颜色的?为什么?

宁 静 的 夏

◆伊 凡

　　　　早晨,天刚亮起来它就开始叫,每一只的音响
　　　　就好像织布机上的一条丝线,千百万只蝉一起叫,
　　　　就织出了用声音造成的隔声网。

　　夏天,世界是宁静的,因为有铺天盖地的声音。奇怪吗?其实人的感觉才真奇怪,假如习惯了吵闹,忽然到一个完全没有声音的地方,寂静就像巨大的声响,震耳欲聋;而平稳持续的单调音响,听惯了就是一片沉寂。夏天的寂静其实是两种声音:天晴的时候是蝉鸣,天不晴的时候是大雨。

　　蝉到底是怎么样的一种昆虫呢?身体那么小,而声音却那么响亮,响亮得你非要忘记它不可。早晨,天刚亮起来它就开始叫,每一只的音响就好像织布机上的一条丝线,千百万只蝉一起叫,就织出了用声音造成的隔声网。你知道这不是叫声,不是从嘴巴或喉咙发出来的声响,所以你不用担心它们会声嘶力竭,不担心,所以就很容易把它们忘记了。因为叫声是没有形体的,自自然然地就成了夏天生活的一种背景——制造宁静的隔声网。

　　蝉鸣有金属的感觉，像高亢的、弦线拉得太紧的小提琴音，让人的神经线在不知不觉中也跟着它调紧了。我不知道别人是不是真的觉得夏日的蝉鸣有催眠作用，反正我从来没有在蝉声的寂静里感受到睡意。蝉声的寂静总是让人觉得应该有应变的心理准备，一种箭在弦上而又迟迟不发的感觉。

　　夏天的雨其实是很缠绵的，但大家都没有注意这一点，因为它威力那么大。

　　我说的不是台风期间的雨水，而是那种一来就缠绕着十天半月也不离开的滂沱大雨，那种把眼前的景物全部抹去的灰布幕似的雨水。它不是像一个性子很烈的恋人吗？缠上了你，就要你耳朵里只有他，眼前只有他，脑子里也只有他；别的一概要抹掉，所以我说他缠绵，虽然这是很烈性的缠绵。如果你习惯了这种大雨的寂静，也许就像甘心情愿受占有欲极强的恋人束缚一样，虽然不想动了，但慵懒的背后是一份很松弛的感觉。

　　也许始终会有一刻受不了这种烈性的缠绵，但在那一刻之前，滂沱的寂静总教人想放软身子，闭上眼睛，躺下来。

　　这篇文章的最大特色在于角度的新颖，立论的新奇。夏天最具季节特征的两大景观，一是蝉鸣，一是大雨。蝉声烦躁，大雨烦人，它们使得整个夏季与宁静无缘，但是本文的标题，却是"宁静的夏"，并且，作者认为，感觉一个宁静夏天的背景和依据，"天晴的时候是蝉鸣，天不晴的时候是大雨"。

1.说说这篇文章题目的精妙？

2.文中多处巧妙运用比喻，试举一例说明。

3.查找有关资料，了解蝉的有关知识。

西欧的夏天

◆（台湾）余光中

> 进入肯布瑞亚的湖区之后，遍地江湖，满空云
> 雨，偶见天边绽出一角薄蓝，立刻便有更多的灰云
> 挟雨遮掩过来。

旅客似乎是十分轻松的人，实际上却相当辛苦。旅客不用上班，却必须受时间的约束；爱做什么就做什么，却必须受钱包的限制；爱去哪里就去哪里，却必须把几件行李蜗牛壳一般带在身上。旅客最可怕的噩梦，是钱和证件一起遗失，沦为来历不明的乞丐。旅客最难把握的东西，便是气候。

我现在就是这样的旅客。从西班牙南端一直旅行到英国的北端，我经历了各样的气候，已经到了寒暑不侵的境界。此刻我正坐在中世纪达豪士古堡(Dalhousie Castle)改装的旅馆里，为《隔海书》的读者写稿。刚刚黎明，湿灰灰的云下是苏格兰中部荒莽的林木，林外是隐隐的青山。晓寒袭人，我坐在厚达尺许的石墙里，穿了一件毛衣，如果要走下回旋长梯像走下古堡之肠，去坡下的野径漫步寻幽，还得披上一件够厚的外套。

从台湾的定义讲来，西欧几乎没有夏天。昼蝉夜蛙，汗流浃背，是台湾的夏天。在西欧的大城，例如巴黎和伦敦，7月中旬走在阳光下，只觉得温暖舒适，并不出汗。西欧的旅馆和汽车，皆不备冷气，因为就算天热，也是几天就过去了，值不得为避暑费事。我在西班牙、法国、英国各地租车长途旅行，其车均无冷气，只能扇风。

巴黎的所谓夏天，像是台北的深夜，早晚上街，凉风袭肘，一件毛衣还不足御寒。如果你走到塞纳河边，风力加上水气，更需要一件风衣才行。下午日暖，单衣便够，可是一走到楼影或树阴里，便嫌单衣太薄。地面如此，地下却又不同。巴黎的地车比纽约、伦敦、马德里的都好，却相当闷热，令人穿不住毛衣。所以地上地下，穿穿脱脱，也颇麻烦。7月在巴黎的街上，行人的衣装，从少女的背心短裤到老妪的厚大衣，四季都有。7月在巴黎，几乎天天都是晴天，有时一连数日碧空无云，入夜后天也不黑下来，只变得深洞洞的暗蓝。巴黎附近无山，城中少见高楼，城北的蒙马特也只是一个矮丘，太阳要到9点半才落到地平线上，更显得昼长夜短，有用不完的下午。不过晴天也会突来霹雳：7月14日法国国庆那天上午，密特朗总统在香舍丽榭大道主持阅兵盛典，就忽来一阵大雨，淋得总统和军乐队狼狈不堪。电视

的观众看得见雨气之中,乐队长的指挥杖竟失手落地,连忙俯身拾起。

法国北部及中部地势平坦,一望无际,气候却有变化。巴黎北行 1 小时至卢昂,就觉得冷些;西南行 2 小时至露娃河中流,气候就暖得多,下午竟颇燠热,不过入夜就凉下来,星月异常皎洁。

再往南行入西班牙,气候就变得干暖。马德里在高台地的中央,7 月的午间并不闷热,入夜甚至得穿毛衣。我在南部安达露西亚地区及阳光海岸开车,一路又干又热,枯黄的草原,干燥的石堆,大地像一块烙饼,摊在酷蓝的天穹之下。路旁的草丛常因干燥而起火,势颇惊人。可是那是干热,并不令人出汗,和台湾的湿闷不同。

英国则趋于另一极端,显得阴湿,气温也低。我在伦敦的河堤区住了三天,一直是阴天,下着间歇的毛毛雨。即使破晓时露一下朝墩,早餐后天色就阴沉下来了。我想英国人的灵魂都是雨蕈,撑开来就是一把黑伞。走过滑铁卢桥,7 月的河风吹来,水气阴阴,令人打一个寒噤,把毛衣的翻领拉起,真有点儿魂断蓝桥的意味了。我们开车北行,一路上经过塔尖如梦的牛津,城楼似幻的勒德洛(Ludlow),古桥野渡的蔡斯特(Chester),雨云始终罩在车顶,雨点在车窗上也未干过,销魂远游之情,不让陆游之过剑门。进入肯布瑞亚的湖区之后,遍地江湖,满空云雨,偶见天边绽出一角薄蓝,立刻便有更多的灰云挟雨遮掩过来。真要怪华兹华斯的诗魂小气,不肯让我一窥他诗中的晴美湖光。从我一夕投宿的鹰头(Hawkshead)小店栈楼窗望出去,沿湖一带,树树含雨,山山带云,很想告诉格拉斯米教堂墓地里的诗翁,我国古代有一片云梦大泽,也出过一位水气逼人的诗宗。

这篇散文介绍了西欧夏季的气候特征,文中是时时处处带着旅行者的感受,很真实,很切身。因为作者是以一个旅人的眼光去感触评点的,所以所闻所见便有一种新奇的趣味,又因为作者已是个"经历了各样的气候"的老资格的旅行者,所以他的所思所感又透着股见多识广的历练与从容,同时也增强了文章的可信度。

1.台湾夏季的气候特征如何?

2.西班牙、法国、英国各地夏季气候特征如何?

3.说说文章的结构特征。

夏天的到来(节选)

◆[美]布罗斯

> 树木又披上了盛装,神情健康;数不清的叶子
> 沙沙作响,向人们预许来临的欢乐。

绿叶满枝、浓荫匝地,那是夏天来临的第一个暗示。你可以看到田野上她在树下的阴凉的环影,或是树林里她更为深浓和凉爽的隐居地。在河流对面的山坡上,好几个月在早晨和正午的阳光下只稍微有些阴影的痕迹,或者说阴影的线条构成的浮雕细工;但在5月的某个早晨我远眺时,看见大块密无空隙的阴影从树木斜落在山坡的草地上。眼睛对它们是多么神往呵!树木又披上了盛装,神情健康;数不清的叶子沙沙作响,向人们预许来临的欢乐。现在树木都有了感觉;它们可以思索和幻想,它们因感情而激动;它们在一块儿交谈;它们在黄昏低语做梦;它们跟暴风雨搏斗挣扎;丁尼生说它们:被烈风抓住,殴打。

夏天总是由六月来体现,胸脯上挂着一串串雏菊,手中握着一束束开花的苜蓿。这些花草出现时,在季节的交替上又打开新的一章。一个人会自言自语说:"好了,我又活着再看到雏菊和闻到红苜蓿花的香气啦。"他温柔爱抚地采下那第一批鲜花。在人们的心中一种花的香馨和另一种花的充满青春朝气的面貌产生多少值得怀念回忆的东西呵!没有什么别的东西像苜蓿的香气:那是夏天少女般的气息;它提醒你的是一切清新美好朴素的东西。一片开着红花的苜蓿田,这里那里撒布着星星点点的雪白的雏菊;在你经过时香气一直飘到大路上,你听到蜜蜂的嗡嗡声,食米鸟的啼唤,燕子的啁啾,和土拨鼠的嘘嘘声;你闻到野草莓的气味,你看到山冈上的牛群;你看到你的青春年代,一个快乐的农家少年的青春时代在你的眼前出现。

心灵体验　夏天的到来总是很突然的,让人猝不及防。树木浓绿的盛装,诱人的花香,如少女般迷人、美好。

放飞思维

1.文章两段各写了什么意思?

2.文章运用了比喻、拟人的修辞手法,试着各举一例说明。

北戴河海滨的幻想（节选）

◆徐志摩

> 浴线内点点的小舟与浴客，水禽似的浮着；幼童的欢叫，与水波拍岸声，与潜涛呜咽声，相间的起伏，竞报一滩的生趣与乐意。

他们都到海边去了。我为左眼发炎不曾去。我独坐在前廊，偎坐在一张安适的椅内，袒着胸怀，赤着脚，一头的散发，不时有风来撩拂。清晨的晴爽，不曾消醒我初起时的睡态；但梦思却半被晓风吹断。我阖紧眼帘内视，只见一斑斑消残的颜色，一似晚霞的余赭，留恋地胶附在天边，廊前的马樱、紫荆、藤萝、青翠的叶与鲜红的花，都将他们的妙影映印在水汀上，幻出幽媚的情态无数；我的臂上与胸前，亦满缀了绿阴的斜纹。从树阴的间隙平望，正见海湾：海波亦似被晨曦唤醒，黄蓝相间的波光，在欣然的舞蹈。滩边不时见白涛涌起，进射着雪样的水花。浴线内点点的小舟与浴客，水禽似的浮着；幼童的欢叫，与水波拍岸声，与潜涛呜咽声，相间的起伏，竞报一滩的生趣与乐意。但我独坐的廊前，却只是静静的，静静的无甚声响。妩媚的马樱，只是幽幽的微展着，蝇虫也敛翅不飞。只有远近树里的秋蝉，在纺纱似的垂引他们不尽的长吟。

在这不尽的长吟中，我独坐在冥想。难得是寂寞的环境，难得是静定的意境；寂寞中有不可言传的和谐，静默中有无限的创造。我的心灵，比如海滨，生平初度的怒潮，已经渐次的消翳，只剩有疏松的海沙中偶尔的回响，更有残缺的贝壳，反映星月的辉芒。此时摸索潮余的斑痕，追想当时汹涌的情景，是梦或是真，再亦不须辩问，只此眉梢的轻皱，唇边的微哂，已足解释无穷思绪，深深的蕴伏在灵魂的微纤之中。

青年永远趋向反叛，爱好冒险；永远如初度航海者，幻想黄金机缘于浩渺的烟波之外：想割断系岸的缆绳，扯起风帆，欣欣的投入无垠的怀抱。他厌恶的是平安，自喜的是放纵与豪迈。无颜色的生涯，是他目中的荆棘；绝海与凶献，是他爱取自由的途径。他爱折玫瑰；为她的色香，亦为她冷酷的刺毒。他爱搏狂澜：为他的庄严与伟大，亦为他吞噬一切的天才，最是激发他探险与好奇的动机。他崇拜冲动：不可测，不可节，不可预逆，起，动，消歇皆在无形中，狂飙似的倏忽与猛烈与神秘。他崇拜斗争：从斗争中求剧烈的生命之意义，从斗争中求绝对的实在，在血染的战阵中，呼叫胜利之狂欢或歌败丧的哀曲。

幻象消灭是人生里命定的悲剧；青年的幻灭，更是悲剧中的悲剧，夜一般的沉黑，死一般的凶恶。纯粹的，猖狂的热情之火，不同阿拉伯的神灯，只能放射一时的异彩，不能永久的朗照；转瞬间，或许，便已敛熄了最后的焰舌，只留存有限的余烬与残灰，在未灭的余温里自伤与自慰。

　　流水之光，星之光，露珠之光，电之光，在青年的妙目中闪耀，我们不能不惊讶造化者艺术之神奇，然可怖的黑影，倦与衰与饱餍的黑影，同时亦紧紧的跟着时日进行，仿佛是烦恼、痛苦、失败，或庸俗的尾曳，亦在转瞬间，彗星似的扫灭了我们最自傲的神辉——流水涸，明星没，露珠散灭，电闪不再！

　　在这艳丽的日辉中，只见愉悦与欢舞与生趣，希望，闪烁的希望，在荡漾，在无穷的碧空中，在绿叶的光泽里，在虫鸟的歌吟中，在青草的摇曳中——夏之荣华，春之成功。春光与希望，是长驻的；自然与人生，是调谐的。

　　在远处有福的山谷内，莲馨花在坡前微笑，稚羊在乱石间跳跃，牧童们，有的吹着芦笛，有的平卧在草地上，仰看变幻的浮游的白云，放射下的青影在初黄的稻田中缥缈地移过。在远处安乐的村中，有妙龄的村姑，在流涧边照映她自制的春裙；口衔烟斗的农夫三四，在预度秋收的丰盈，老妇人们坐在家门外阳光中取暖，她们的周围有不少的儿童，手擎着黄白的钱花在环舞与欢呼。

　　在远——远处的人间，有无限的平安与快乐，无限的春光……

　　在此暂时可以忘却无数的落蕊与残红；亦可以忘却花荫中掉下的枯叶，私语地预告三秋的情意；亦可以忘却苦恼的僵瘪的人间，阳光与雨露的殷勤，不能再恢复他们腮颊上生命的微笑，亦可以忘却纷争的互杀的人间，阳光与雨露的仁慈，不能感化他们凶恶的兽性；亦可以忘却庸俗的卑琐的人间，行云与朝露的风姿，不能引逗他们刹那间的凝视；亦可以忘却自觉的失望的人间，绚烂的春时与媚草，只能反激他们悲伤的意绪。

　　我亦可以暂时忘却我自身的种种；忘却我童年期清风白水似的天真；忘却我少年期种种虚荣的希冀；忘却我渐次的生命的觉悟；忘却我热烈的理想的寻求；忘却我心灵中乐观与悲观的斗争；忘却我攀登文艺高峰的艰辛；忘却刹那的启示与彻悟之神奇；忘却我生命潮流之骤转；忘却我陷落在危险的旋涡中之幸与不幸；忘却我追忆不完全的梦境；忘却我大海底里埋首的秘密；忘却曾经刳割我灵魂的利刃，炮烙我灵魂的烈焰，摧毁我灵魂的狂飙与暴雨；忘却我的深刻的怨与艾；忘却我的冀与愿；忘却我的恩泽与惠感；忘却我的过去与现在……

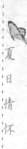

诗人总是具有细腻的心灵和高超的驾驭语言文字的能力。
本文作者在北戴河海滨有着自己的独特感受：摆脱一切尘世的羁绊，真正地回归自然，主动接受自然的抚慰和熏陶。

1．作者在北戴河海滨想到了哪些？
2．理解文中的"幻象消灭是人生里命定的悲剧；青年的幻灭，更是悲剧中的悲剧"的意义。
3．试着举出文章中作者运用的修辞手法。

夏天的花(节选)

◆叶灵凤

就凤仙花来说，最常见的是那种浅红色单瓣的，若是偶然的种出来的是一棵大红双瓣的，甚或是红白双色的，那就高兴极了。

夏天的花，当然很多，但我在这里要说的，却不是莲花白兰一类的花，甚至不是茉莉栀子，因为这些虽然都是夏天的花，却不是在一般人家庭院里都见得到的。我在这里想说的，乃是孩子们在家里可以随手种在天井里石阶下，到了这样的夏天，就可以茂盛得开起灿烂的花来的那些草花，如凤仙、洗澡花、茑萝之类。

往往，孩子时代的一点儿园艺实践经验，都是从这些上面获得的，因为如凤仙、喇叭花这一类的草花，只要将隔年所收得的种子，随便抛在墙根下或是天井里的花坛上，不用你去照顾，到了时候，它们自然会发芽抽叶，按时按候地开起花来。就凤仙花来说，最常见的是那种浅红色单瓣的，若是偶然的种出来的是一棵大红双瓣的，甚或是红白双色的，那就高兴极了。

夏天的清晨，或是傍晚，在阶前小立小坐，天井里这些随手种出来的花，就成了夏天生活中的最好的点缀。在江南小城市里的生活，多是轻松闲适的，那种纯粹中国传统的瓦房，即使是极小的一个天井，地上铺了土砖，生满了青苔，也总是充满了一种幽静可爱的感觉。这时对着自己种出来的凤仙，蔓延在阶石上的洗澡花，还有凭了几根竹竿就可以攀缘上去的茑萝牵牛，都可以令你感到特别亲切。

小小的紫色洗澡花,总是在傍晚时候才盛开起来的。夏天洗完了澡,赤膊在阶前坐一下,这时往往也正是洗澡花开得最灿烂的时候。我想这大约就是它得名的原因。这种紫色喇叭形的小花,将它摘下来,小心抽去中间的那一根花蕊,放在嘴里轻轻地去吹,便能发出呜呜的响声,因此又叫喇叭花。但这种喇叭花,是与牵牛花同名异物的。

　　夏天的花灿烂、迷人,有的华贵雍容,有的雅静淑丽,它们一起起劲地装点着绚烂的夏天。

　　1.作者着重描绘了哪几种夏花?
　　2.你最喜欢夏天的什么花?说说喜欢的理由。

夏　　天

◆[美]洛威尔

　　　　头一批红色与白色的苜蓿花刚刚开放, 黄色
　　的岩蔷薇和甜美的荚正在怒放; 鸟儿依然活泼地
　　放声歌鸣;红槭的翅果依然满布地面,早开的蜡菊
　　的茸絮在空中飘舞。

　　在脾气,情绪,样样事情上再好也没有的一天。浓密的叶子都长出来了,除悬铃木和朴树之外。它们抹上夏天的黛绿色,树下浓密的阴影一直伸展到山坡。几朵懒散的浮云四处飘游。当轻风好像要往上吹拂时树叶就轻轻地沙沙响和行礼。田野上长得壮实的裸麦缓缓地点头摆动像一群人。烟囱燕扫过的时候叫得多欢!绿鹃的欢歌在枫树的密叶间发出回声;挪威云杉和铁杉的枝权长出淡绿的新枝梢;蒲公英的由轻飘稀薄的茸毛组成的花球在草上飘起来;时不时它们其中之一又忽然落下去;小小的共居雀投身在一枝瘦弱的花梗上,把它压弯到地上,为的是要吃它的种子,这是本季的头一批果实。头一批红色与白色的苜蓿花刚刚开放,黄色的岩蔷薇和甜美的荚正在怒放;鸟儿依然活泼地放声歌鸣;红槭的翅果依然满布地面,早开的蜡菊的茸絮在空中飘舞。"一连好几天改变不多。"日子慢慢走向盛夏。

气流暖起来,大自然的情绪欢乐舒畅,一切树木花草都欣欣向荣,生气盎然。日子像田园诗一般。我仰卧在草地上,房屋的阴影里,眺望轻柔的缓缓移动的白云,看烟囱燕在轻风吹拂的空中曲折地飞翔。草木是一片柔和。田野潮润,温暖,芬芳的呼吸——那是一种糅合着开花的青草,苜蓿,雏菊,裸麦的气息——洋槐花正在谢落。蜂房周围是一片多么喧闹的嗡嗡声;每棵树木的阴影里是多么清凉;牛群和羊群是多么自得!泉水依旧盈满凛冽;被树木荫盖的水渠和池塘的水滨开始吸引人们。让我们在这样一个早晨往山冈顶上去吧,比方说九点前,看一看尘寰的面貌是多么难以言传地清新饱满吧!早晨的影子还在到处流连,甚至在阳光底下;露水的升华点染着空气,形成清新凉爽的蓝色的天光。

　　　夏天的景致是特别丰富的。它好比一个成熟的女性,身上有着难以言语的魅力。读完本篇,你一定感觉到夏天在向我们展现它的万般风情。

1.作者笔下的夏天是什么样的?
2.细细品味本文诗一般的语言美。

初　夏(节选)

◆叶倾城

　　　　听见窗外,蝈蝈声和蛙声响成一片,吵得真
　　吵,但是听它们叫得那么带劲,那么大声,好像心
　头有控制不住的喜悦,要兴高采烈地叫出来。

　　我喜欢初夏。
　　我喜欢雪白芳香的栀子花。
　　我喜欢夹竹桃,红的好,白的也好。
　　喜欢胖胖的睡莲。单位前院的池塘里,我数过,一共是 77 朵,其中 13 朵,是血一样红的红睡莲。
　　我喜欢丰满清脆的蔬菜。四季豆、豇豆、冬瓜,圆胖结实,是举重运动员的肥,一丝赘肉也无;黄瓜笔直坚挺,遍身尖尖的小刺,握在手里,掌心微痛,仿佛是亲昵的一搔;铺天盖地的西红柿,且红且黄,且酸且甜,可以捧在手里吃得"喊哩喀喳"汁水四溅,也可以堂堂正正炒鸡蛋、炒虾仁,登大雅之堂。还有竹叶菜、汤菜,这么大众的菜,现摘现买现炒,清清素素,只加油和盐,偏偏出锅的那份鲜嫩爽口,什么珍肴美味也比不上。

我喜欢初雷与急雨。天阴阴地,似乎是嘟嘴的小男孩,耐不住性子,"轰"地就炸了。雷声滔滔不绝,是小男孩使性撒气在摔东西,然后就开始嚎啕大哭。那眼泪劈里啪啦,不由分说地,就来了。

我喜欢雨后的清凉。空气中,有泥土的味道,有一两只鸟在初晴时分,立在枝头啾啾地叫;女孩子拎着裙子跨过路上的积水;一阵风过,大树满身的雨点哗哗地掉下来,造成一场小雪;人们从避雨处纷纷走出来,身上明明是干的,可是五脏六腑,都是淋了一场痛快的雨那么的清爽。

我喜欢燕子。据说燕子在春天里回来,但是我见过的燕子,从来都是在雨前雨后的六月,飞得极低,沿着地面一掠而过。有一次,我记得,是大雨后的黄昏,不知有多少只燕子停在高压电线上,一只一只,挨得密密的,秩序井然,仿佛在开会那么规矩,衬着蓝天的背景,是一根写满音符的五线谱。不时有一两只燕子飞起来,从别的燕子头上飞过,到处滋扰,仿佛是抢着发言。那数也数不尽的燕子啊,唧唧喳喳,唧唧喳喳,一直叫到九天云外去。我站在地上,不由得看呆了。

我喜欢深夜的蝈蝈声与蛙声。夜半醒来,房间里像发了水一样,一地清澈的目光,床就浮在月光中,周围亮如白昼。听见窗外,蝈蝈声和蛙声响成一片,吵得真吵,但是听它们叫得那么带劲,那么大声,好像心头有控制不住的喜悦,要兴高采烈地叫出来。一声不够,两声也不够,可以就这样叫一个晚上,我也情不自禁地高兴起来,在他们的伴奏声中又蒙眬睡去。

初夏是一个特别迷人的季节。各种时令的花朵和蔬菜,初雷的滔滔声,雨后的清凉,黄昏的燕子及深夜的蝈蝈声与蛙声,这一切美好的事物都给人一种新鲜怡人的感觉。

1."我"喜欢初夏的哪些景色?

2.这是一篇优美的散文,说说这篇散文美在哪里?

小窗日记(节选)

◆ 斯 妤

> 暴雨急急地倾倒着自然的烦躁，宣泄着造物主的愁闷，暴雨使沉闷窒息的大地，一变而为活泼、热烈的海洋了……

天是这样的阴沉，地是这样的燥热，我脆弱的心中，又是这样蓄满了烦闷和不安！

百无聊赖地走下楼来，四面八方热烘烘的气流立即汹汹卷来，团团将我围定。哦，天空、大地，你们也有烦躁的时候吗？

是的，伟大的自然也有焦躁烦闷的时候。看天是这样黑，这样阴霾密布，这样气咻咻地板着铁青的脸；地是这样混沌，这样不安，这样蒸腾着灼人的气焰。太阳是吓得无影无踪了，鸟儿、蝉儿、虫儿，全都住了口，一个个都咽了声息潜藏着。只有道旁的松枝柳条还坚守着足下的土地，但看它们病恹恹、蔫不唧的样子，也知道它们正受着炙骨的煎熬，已是痛苦不堪了。

然而，烦躁的自然绝不像烦躁的人生。造物主是顽强的、不屈的！看吧，乌云像涨潮的海涛，一阵接一阵地席卷过来、弥漫过来了，汇成了一支宏大浩荡的部队，那排山倒海、雷霆万钧的气势，显然要一扫天地间的全部抑郁与沉闷；闪电的先头部队已奔赴战场了，这儿一道、那儿一道地射出愤怒的目光，如同利剑快斧、刀光火影；闷雷已在天际隆隆地响着，一声比一声响亮，一声比一声高昂，渐渐地，如同排空的怒涛，由远而近、由弱而强地翻着、滚着过来了。霎时，闪电乱劈、雷声大作，暴雨——造物主愤怒的眼泪，就要漫天倾洒而下了！

我被这伟大的气概慑住了，一反过去脆弱、怯懦的秉性，迎着电闪雷鸣，迎着即将倾盆而下的暴雨，勇敢地前行了。

前面，与高楼相接的天空，突然炸开了一声惊雷！紧接着，仿佛魔幻一般，苍穹上耸起了一片连绵的险峻的峰巅！啊，这样峻峭、这样挺拔、这样绵延不绝的群峰，竟是屹立在天穹上的！竟是黑的云、褐的云、灰的云幻成的！看它们，峰峦重重叠叠，此起彼伏，如潮似涌；峰巅高高昂起，突兀奋迅，峻至天表。那傲然耸立于天际的雄姿、冷眼扫视大地的神态，令人想起巨人高耸着的威严的双肩，天帝凝聚着激愤的眉峰。那深深浅浅的黑的、褐的颜色，更使这千山万壑少了地上青山的娇媚，多了天宇峰峦的庄严与伟岸！呵，是地上的险峰搬上了天穹，还是闪电劈开了天幕,把天神栖息的峰峦泄露了出来?……莫非,这傲然耸立的群峰,是造物主威严与愤怒的显示?

果然,一道长长的闪电劈了下来,雷声又作了!漫天漫地倾下了如泼的暴雨!哗哗哗、轰轰轰、砰砰砰……到处是急雨,到处是积水!天空、大地、高楼,全部沉浸在一片白茫茫之中了……暴雨急急地倾倒着自然的烦躁,宣泄着造物主的愁闷,暴雨使沉闷窒息的大地,一变而为活泼、热烈的海洋了……

我兴奋地在密匝匝的雨帘中穿行着。心头的烦躁郁闷,不知什么时候,已飞溅得无影无踪了。——雨还在不停地下着,然而,已经可以预见雨后清新美丽的世界了:天空复归湛蓝,蓝天架起彩虹,天地迎回滋润,空中弥漫着温馨。大自然以痛苦的挣扎、紧张的搏斗战胜了自己,又将恢复宁静;恢复平和了。

勇敢而智慧的自然呵!

"小小的窗棂窒息了多少黯淡的心灵?窗外,却是一片广袤清新的世界。"——这段刚刚冒出来的文字,此刻和着风声、雨声,又清晰地显现在我的心幕上了……

夏天的雨要么不来,要么就急吼吼地来。那情形通常是声势浩大:先是由天际涌来滚滚黑云,很快就将天空塞满,随即金蛇乱舞、雷声咆哮。还没来得及找到躲雨的地方,大个的雨点就重重地砸在人身上。但是也没有什么后劲,也不过劈头盖脑地来这么一通,不一会儿就一切复归平静。

1.这篇文章歌颂了什么样的精神?

2.体悟"小小的窗棂窒息了多少黯淡的心灵?窗外,却是一片广袤清新的世界"的内涵。

3.举例说明文中运用了哪几种修辞手法。

绿叶森林的夜(节选)

◆[日]吉江乔松

> 蛙声如似梦非梦中的絮语,绿叶自上面覆盖
> 下来,一切都消融了,在黑暗中凝成一团。

绿叶森林的夜,宁静中包笼着喧闹。

比起阳光炫目的白昼的森林,夜的森林有着绿叶自在的絮语。人的官能,在白天只有视觉在活动,对于微妙的自然的乐音充耳不闻。黝黑的天空星光闪烁的初夏之夜,走进绿叶森林,你会有一种神秘的喜悦,一种羞赧的、触之即发的、难得体验到的喜悦。

蛙声自远方透过湿润的夜气传来。树叶的摇曳同这来自远方的蛙声交汇、融合,更增添了一层动感。蛙声为绿叶所包裹,消隐于幽深的森林里。

白桦的叶子发出稍稍清澄的短音。同一种桦树,而武藏野多白桦。只要是葱茏茂密、绿叶团团的森林,其中没有不生长着白桦的。夜的森林里,这种树的叶子摇得特别响亮。

高大的朴树、椋树、榉树枝梢上摇晃着的叶片,使人抱有幽微、辽远之思。接骨木的叶子伸展着,八角金盘的叶子如鹅毛扇一般摇动。嫩叶的香气随处飘溢,令人心情安逸。

森林的出口哗啦哗啦闪动着一团绿叶。是白杨树。这种树急促促不停翻动着叶子,是其他树无可比拟的,似乎眼看就要飞离出去。而且叶肉极薄,叶色浅绿。到了秋天,叶片发黄,树叶骚然有声。这也是其他树无可比拟的。不论哪种树,其叶柄都多少和树枝构成锐角,惟有这种树的叶柄同树枝构成直角,一有点风,就忙不迭骚然翻动起来,犹如护林人一样,始终睁着一双小眼睛,面对悄然而来的夜风,饮泣着,喧闹着。

白杨树的雄花呈现着淡白色,雌花是青绿的。青绿的雌花成熟以后,长着烟雾般蓬松白毛的籽儿就飘飞而去。那副慌慌忙忙的样子!试着将籽儿捉来放在掌上,白色籽儿眼见着脱出壳儿,连忙离开人的手掌,向空中飞舞。看那急匆匆的姿影!仿佛有无形之物在后面追赶。几万片花籽儿从绿叶森林蓬蓬然飘离而去,在武藏野纵横飞旋。有的落进水里,漂流到海岸边。羽田海岸随处可见的低矮的白杨树林,就来自这种花籽儿,只不过没有充分成长罢了。

这种迷茫无目、随处漂泊的花籽儿,到头来广泛分布于世界各地。

大自然惶急的过程之一端,这白杨树的生涯也是最清楚的证明。旧时也许没有意识到吧,中国诗人那种看到白杨震颤于秋天的悲风之中而伤感的情怀,是不知不觉于这种树的惶然喧骚中感到了人世无常,生命短促。在众多的落叶树之中,恐怕惟有这种树显得那般忙忙碌碌。

　　进入夜的森林,凝神伫立之时,如果看到闪烁摇动、一刻不休的叶子,你就能马上明白这是白杨。正如左顾右盼、目光灼灼、唇薄话多的年轻人,没有日光照射也不感到气馁,它们怎么想就通过嘴巴传达出来。

　　夜渐深了,热闹的喧嚣的森林像要睡眠似的变得沉寂了。蛙声如似梦非梦中的絮语,绿叶自上面覆盖下来,一切都消融了,在黑暗中凝成一团。

　　连那喋喋不休的白杨的叶子也潜隐于沉默的底层。绿叶森林封锁于黑暗与沉默之中了。

　　绿叶森林的夜,宁静中包笼着喧闹。花香、草香、叶香令人心旷神怡。凉风习习,蛙声阵阵,让人内心充满着神秘的喜悦。

　　1.“绿叶森林的夜,宁静中包笼着喧闹”一句在文章结构上有什么重要作用?
　　2.作者着重描绘了绿叶森林的夜的哪些景色?
　　3.仔细品味这篇散文的优美文字。

流　萤　如　线

◆陈幸蕙

　　　　晚风中有泥土、青草、稻禾和稀薄的牛粪所混
　　　合而成的气息吹来,野蛙嘹亮的呼声也零星地散
　　　布在广大的田野里。

　　仲夏之夜,南台湾的小乡村中,年轻的女人惯于在操劳家务后的休闲里,摘取晚香玉插在发间。她喜欢把灯拧熄,半倚着门框,爱恋地看男人抱着月琴,在晒谷场上自得其乐地弹唱。

晚风中有泥土、青草、稻禾和稀薄的牛粪所混合而成的气息吹来，野蛙嘹亮的呼声也零星地散布在广大的田野里。天空有一眉新月，竹林外是浅浅的水塘，水塘外是鸭寮、是烟叶田。而森林戟戟排列成阵的烟叶之外，则是那仅有的一条灰色小公路——这一切都是她所熟悉、令她心安的。而她，在这一切的中央，像黄土地上卷裹在层层深碧巨叶的包心一样，有一种没有野心的安全。

因此，仲夏安闲宁静的夜晚，往往是一个土生土长、保守知足的乡下女人，最能在混沌中触摸到人生幸福的时光。

捻熄昏黄灯光的室内，常可清晰地看见流萤。

这种自己携带照明用具的小东西，背负着一颗米粒大小的光点，在黑暗中四处穿梭。看久了，光点不再是光点，却迤逦成一丝晶亮的细线。

满屋的流萤如线，常令单纯的女人在偶然微笑着回过头来时，深为吃惊。她为眼前的景象所迷惑，却又在迷惑中，模糊地觉得感动。

因为，她一生也只紧拥着那么一个米粒大小的光点。在新婚之夜和婚后的第二天，她就是被捧在掌心的明珠，然而，从进入厨下、"洗手做羹汤"的第三日开始，她便必须卸下彩蝶似的嫁衣、晚霞般的胭脂和少女的所有轻梦，去做一个任劳任怨、终日操劳的朴素村妇了。

生命中最旖旎缠绵的一点儿记忆，是一点儿温柔而微带羞涩的光，她小心地收藏在心底，紧拥住它；而仅凭这一点儿光，她竟也能将之绵延成一丝亮线，在她往后做为孝媳、贤妻、良母的路上，照耀她辛勤的一生。

流萤火光如线，这是微妙的事实，年轻的乡下女人，从它们身上隐约看见了什么，泫然欲泪，却又不能明白自己究竟看见了什么，因为她并不知道她便是这个家族的一只流萤，虽微弱，却有光，其光成线。

但，实际上，她知不知道，也并不是重要的事了。

本文宛如一幅台湾乡村的风俗画卷。文章以"流萤"为载体，意在表明：不管生活在什么样的环境，处于什么样地位的人，都应"拥着那么一个米粒大的光点"，并"将之绵延成一丝亮线"的品格。

1. 为什么说"流萤"既是实写，也是虚写？

2. 文中所追求的是宁静的美、和平的美、古朴的美。用自己的语言描述作者追求的这种美。

3. 假如有一天年轻的乡下女人顿悟，她会从流萤的光点中悟出什么？

再 到 湖 上

◆［美］怀 特

> 我把我的钓竿伸向水中，短暂而又悄悄避过
> 蜻蜓，蜻蜓已飞出二英尺开外，平衡了一下又栖息
> 在钓竿的梢端。

  大概在 1904 年的夏天，父亲在缅因州的某湖上租了一间露营小屋，带了我们去消磨整个 8 月。我们从一批小猫那儿染上了金钱癣，不得不在臂腿间日日夜夜涂上旁氏浸膏，父亲则和衣睡在小划子里；但是除了这些，假期过得很愉快。自此之后，我们中无人不认为世上再没有比缅因州这个湖更好的去处了。一年年夏季我们都回到这里来——总是从 8 月 1 日起，逗留一个月时光。我这样一来，竟成了个水手了。夏季里有时候湖里也会兴风作浪，湖水冰凉，阵阵寒风从下午刮到黄昏，使我宁愿在林间能另有一处宁静的小湖。就在几星期前，这种想望越来越强烈，我便去买了一对钓鲈鱼的钩子，一只能旋转的盛鱼饵器，启程回到我们经常去的那个湖上，预备在那儿垂钓一个星期，还再去看看那些梦魂萦绕的老地方。

  我把我的孩子带了去，他从来没有让水没过鼻梁过，他也只有从列车的车窗里，才看到过莲花池。在去湖边的路上，我不禁想像这次旅行将是怎样的一次。我缅想时光的流逝会如何毁损这个独特的神圣的地方——险阻的海角和潺潺的小溪，在落日掩映中的群山，露营小屋丛和小屋后面的小路。我缅想那条容易辨认的沥青路，我又缅想那些已显荒凉的其他景色。一旦让你的思绪回到旧时的轨迹时，简直太奇特了，你居然可以记忆起这么多的去处。你记起这件事，瞬间又记起了另一件事。我想我对于那些清晨的记忆是最清楚的，彼时湖上清凉，水波不兴，记起木屋的卧室里可以嗅到圆木的香味，这些味道发自小屋的木材，和从纱门透进来的树林的潮味混为一气。木屋里的间隔板很薄，也不是一直伸到顶上的，由于我总是第一个起身，便轻轻穿戴以免惊醒了别人，然后偷偷溜出小屋而到清爽的气氛中，驾起一只小划子，沿着湖岸上一长列松林的阴影里航行。我记得自己十分小心不让划桨在船舷上碰撞，惟恐打搅了湖上大教堂似的宁静。

  这处湖水从来不该被称为渺无人迹的。湖岸上处处点缀着零星小屋，这里是一片耕地，而湖岸四周树林密布。有些小屋为邻近的农人所有，你可以住在湖边而到农家去就餐，那就是我们家的办法。虽然湖面很宽广，但湖水平静，没有什么风涛，而且，至少对一个孩子来说，有些去处看来是无穷遥远和原始的。

　　我谈到沥青路是对的,就离湖岸不到半英里。但是当我和我的孩子回到这里,住进一间离农舍不远的小屋,就进入我所稔熟的夏季了,我还能说它与旧日了无差异——我知道,次晨一早躺在床上,一股卧室的气味,还听到孩子悄悄地溜出小屋,沿着湖岸去找一条小船。我开始幻觉到他就是小时的我,而且,由于换了位置,我也就成了我的父亲。这一感觉久久不散,在我们留居湖边的时候,不断显现出来。这并不是种全盘新的感情,但是在这种场景里越来越强烈。我好似生活在两个并存的世界里。在一些简单的行动中,在我拿起鱼饵盒子或是放下一只餐叉,或者我在谈到另外的事情时,突然发现这不是我自己在说话,而是我的父亲在说话或是摆弄他的手势。这给我一种悚然的感觉。

　　次晨我们去钓鱼。我感到鱼饵盒子里的蚯蚓同样披着一层苔藓,看到蜻蜓落在我的钓竿上,在水面几英寸处飞翔,蜻蜓的到来使我毫无疑问地相信一切事物都如昨日一般,流逝的年月不过是海市蜃楼,一无岁月的间隔。水上的涟漪如旧,在我们停船垂钓时,水波拍击着我们船舷有如窃窃私语,而这只船也就像是昔日的划子,一如过去那样漆着绿色,折断的船骨还在旧处,舱底更有陈年的水迹和碎屑——死掉的翅虫蛹,几片苔藓,锈了的废鱼钩和昨日捞鱼时的干血迹。我们沉默地注视着钓竿的尖端,那里蜻蜓飞来飞去。我把我的钓竿伸向水中,短暂而又悄悄避过蜻蜓,蜻蜓已飞出二英尺开外,平衡了一下又栖息在钓竿的梢端。今日戏水的蜻蜓与昨日的并无年限的区别——不过两者之一仅是回忆而已。我看看我的孩子,他正默默地注视着蜻蜓,而这就如我的手替他拿着钓竿,我的眼睛在注视一样。我不禁目眩起来,不知道哪一根是我握着的钓竿。

　　我们钓到了两尾鲈鱼,轻快地提了起来,好像钓的是鲭鱼,把鱼从船边提出水面完全像是理所当然,而不用什么抄网,接着就在鱼头后部打上一拳。午餐前当我们再回到这里来游泳时,湖面正是我们离去时的老地方,连码头的距离都未改分厘,不过这时却已刮起一阵微风。这地方看来完全是使人入迷的海湖。这个湖你可以离开几个钟点,听凭湖里风云多变,而再次回来时,仍能见到它平静如故,这正是湖水的经常可靠之处。在水浅的地方,如水浸透的黑色枝枝丫丫,陈旧又光滑,在清晰起伏的沙底上成丛摇晃,而蛤贝的爬行踪迹也历历可见。一群小鱼游了过去,游鱼的影子分外触目,在阳光下是那样清晰和明显。另外还有来宿营的人在游泳,沿着湖岸,其中一人拿着一块肥皂,水便显得模糊和非现实的了。多少年来总有这样的人拿着一块肥皂,这个有洁癖的人,现在就在眼前。年份的界限也跟着模糊了。

　　上岸后到农家去吃饭,穿过丰饶的满是尘土的田野,在我们橡胶鞋脚下踩着的只是条两股车辙的道路,原来中间那一股不见了,本来这里布满了牛马的蹄印和薄薄一层干透了的粪土。那里过去是三股道，任你选择步行的；如今这个选择已经减缩到只剩两股了。有一刹那我深深怀念这可供选择的中间道。小路引我们走过网球场，蜿蜒在阳光下再次给我信心。球网的长绳放松着，小道上长满了各种绿色植物和野草，球网(从6月挂上到9月才取下)这时在干燥的午间松弛下垂，日中的大地热气蒸腾，既饥渴又空荡。农家进餐时有两道点心可资选择，一是紫黑浆果做的馅饼，另一种是苹果馅饼；女侍还是过去的普通农家女，那里没有时间的间隔，只给人一种幕布落下的幻象——女侍依旧是15岁，只是秀发刚洗过，这是惟一的不同之处——她们一定看过电影，见过一头秀发的漂亮女郎。

夏天啊夏天，生命的印痕难以磨灭，那永远不会失去光泽的湖，那不能摧毁的树林，牧场上永远散发着香蕨木和红松的芬芳，夏天是没有终了的；这只是背景，而湖岸上的生活才正是一幅画图，带着单纯恬静的农舍，小小的停船处，旗杆上的美国国旗衬着漂浮着白云的蓝天在拂动，沿着树根的小路从一处小屋通向另一处，小路还通向室外厕所，放着那铺洒用的石灰，而在小店出售纪念品的一角里，陈列着仿制的桦树皮独木舟和与实景相比稍有失真的明信片。这是美国家庭在游乐，逃避城市里的闷热，想一想住在小湖湾那头的新来者是"一般人"呢还是"有教养的"人，想一想星期日开车来农家的客人会不会因为小鸡不够供应而吃了闭门羹。

对我说来，因为我不断回忆往昔的一切，那些时光那些夏日是无穷宝贵而永远值得怀念的。这里有欢乐、恬静和美满。到达(在8月的开始)本身就是件大事情，农家的大篷车一直驶到火车站，第一次闻到空气中松树的清香，第一眼看到农人的笑脸，还有那些重要的大箱子和你父亲对这一切的指手画脚，然后是你座下的大车在十里路上的颠簸不停，在最后一重山顶上看到湖面的第一眼，梦魂萦绕的这汪湖水，已经有11个月没有见面了。其他宿营人看见你去时的欢呼和喧哗，箱子要打开，把箱里的东西拿出来。(今天抵达已经较少兴奋了，你一声不响地把汽车停在树下近小屋的地方，下车取了几个行李袋，只要5分钟一切就都收拾停当，一点儿没有骚动，没有搬大箱子时的高声叫唤了。)

恬静、美满和愉快。这儿现在惟一不同于往日的，是这地方的声音，真的，就是那不平常的使人心神不宁的舱外推进器的声音。这种刺耳的声音，有时候会粉碎我的幻想而使年华飞逝。在那些旧时的夏季里，所有马达是装在舱里的，当船在远处航行时，发出的喧器是一种镇静剂，一种催人入睡的含混不清的声音。这是些单汽缸或双汽缸的发动机，有的用通断开关，有的是电花跳跃式的，但是都产生一种在湖上回荡的一种催眠声调。单汽缸噗噗震动，双汽缸则咕咕噜噜，这些也都是平静而单调的音响。但是现在宿营人都用的是舱外推进器了。在白天，在闷热的早上,这些马达发出急躁刺耳的声音。夜间,在静静的黄昏里,落日余晖照亮了湖面,这声音在耳边像蚊子那样哀诉。我的孩子钟爱我们租来使用舱外推进器的小艇,他最大的愿望是独自操纵,成为小艇的权威,他要不了多久就学会稍稍关闭一下开关(但并不关得太紧),然后调整针阀的诀窍。注视着他使我记起在那种单汽缸而有沉重飞轮的马达上可以做的事情,如果你能摸熟它的脾性,你就可以应付自如,那时的马达船没有离合器,你登岸就得在恰当的时候关闭马达,熄了火用方向舵滑行到岸边。但也有一种方法可以使机器开倒车,如果你学到这个诀窍,先关一下开关然后再在飞轮停止转动前,再开一下,这样船就会承受压力而倒退过来。在风力强时要接近码头,若用普通靠岸的方法使船慢下来就很困难了,如果孩子认为他已能完全主宰马达,他应该使马达继续发动下去,然后退后几英尺,靠上码头。这需要镇定和沉着的操作,因为你如很快把速度开到一秒钟 20 次,你的飞轮还会有力量超过中度而跳起来像斗牛样地冲向码头。

　　我们过了整整一星期的露营生活,鲈鱼上钩,阳光照耀大地,永无止境,日复一日。晚上我们疲倦了,就躺在为炎热所蒸晒了一天而显得闷热的湫隘卧室里,小屋外微风吹拂使人嗅到从生锈了的纱门透进的一股潮湿味道。瞌睡总是很快来临,每天早晨红松鼠一定在小屋顶上嬉戏,招到伴侣。清晨躺在床上——那个汽船像非洲乌班基人嘴唇那样有着圆圆的船尾,她在月夜里又是怎样平静航行,当青年们弹着曼陀铃姑娘们跟着唱歌时,我们则吃着撒着糖末的多福饼,而在这到处发亮的水上夜晚乐声传来又多么甜蜜,使人想起姑娘时又是什么样的感觉。早饭过后,我们到商店去,一切陈设如旧——瓶里装着鲦鱼,塞子和钓鱼的旋转器混在牛顿牌无花果和皮姆牌口香糖中间,被宿营的孩子们移动得杂乱无章。店外大路已铺上沥青,汽车就停在商店门前。店里,与往常一样,不过可口可乐更多了,而莫克西水、药草根水、桦树水和菝葜水不多了,有时汽水会冲了我们一鼻子,而使我们难受。我们在山间小溪探索,悄悄地,在那儿乌龟在太阳曝晒的圆木间爬行,一直钻到松散的土地下,我们则躺在小镇的码头上,用虫子喂食游乐自如的鲈鱼。随便在什么地方,都分辨不清当家做主的我,和与我形影不离的那个人。

　　有天下午我们在湖上,雷电来临了,又重演了一出为我儿时所畏惧的闹剧。这出戏第二幕的高潮,在美国湖上的电闪雷鸣下所有重要的细节一无改变。这是个宏伟的场景,至今还是幅宏伟的场景。一切都显得那么熟稔,首先感到透不过气来,接着是闷热,小屋四周的大气好像凝滞了。过了下午的傍晚之前(一切都是一模一样),天际垂下古怪的黑色,一切都凝住不动,生命好像夹在一卷布里,接着从另一处来了一阵风,那些停泊的船突然向湖外漂去,还有那作为警告的隆隆声。以后铜鼓响了,接着是小鼓,然后是低音鼓和铙钹,再以后乌云里露出一道闪光,霹雹跟着响了,诸神在山间咧嘴而笑,舔着他们的腮帮子。之后是一片安静,雨丝打在平静的湖面上沙沙作声。光明、希望和心情的奋发,宿营人带着欢笑跑出小屋,平静地在雨中游泳,他们爽朗的笑声,关于他们遭雨淋的永无止境的笑语,孩子们愉快地尖叫着在雨里嬉戏,有了新的感觉而遭受雨淋的笑话,用强大的不可毁的力量把几代人连接在一起。遭人嘲笑的人却撑着一把雨伞趟水而来。

当其他人去游泳时,我的孩子也说要去。他把水淋淋的游泳裤从绳子上拿下来,这条裤子在雷雨时就一直在外面淋着,孩子把水拧干了。我无精打采一点儿也没有要去游泳的心情,只注视着他,他的硬朗的小身子,瘦骨嶙峋,看到他皱皱眉头,穿上那条又小又潮湿和冰凉的裤子,当他扣上泡涨了的腰带时,我的下腹为他打了一阵死一样的寒战。

《再到湖上》创造了一种回忆与现实的蒙太奇叠合,一种流动的意识与自然景物的叠合。文中那种"庄生梦蝶"抑或"蝶梦庄生"的人生高逸飘渺便从字句中氤氲而现。生命的体验由于角色的不同而历久弥新,而超越时间的人生逸趣恰在过去与现在之外。

1.文中创造了一种回忆与现实的叠合,让人感觉一切宛若梦中,一切又尽在眼底,试举例说明。

2.为什么人不能体验到他人如何体验自己呢?

3.在你的记忆中,你最难忘的夏天是哪一个?它为什么会让你难忘?

夏 季 风

校园的红玫瑰/刺破多少人周末的想望呢/每
一朵爱/都染成殷红

夏季风
吹来了

校园的红玫瑰
刺破多少人周末的想望呢
每一朵爱
都染成殷红

夏季风
美丽的名字因为花裙子和长睫毛
吹醒了大山大海的梦
吹醒沉睡二十一年的证明——
男孩子已经长大了
因为他们自己知道
他们是男子汉
他们很傲啊
昂起沉钟的声音
用手和力量擎起天空

夏季风
吹来了

湖水里荡起小舟
穿来穿去只为驶进夏季风里
从一个眼神一个笑
解释自己的胆量

75

让胡子和性格
回报曾经受过的所有执拗

女性的夏季风
已经吹起鸽子般呼啦啦的
心潮

这首诗从女生的角度,写女性的夏季风吹醒了男生心里爱的根芽。诗以校园的红玫瑰比喻美丽的女同学,写她们的美吹醒了男生的梦;以大山大海比喻男生,透露女生对男生的钦佩。男孩子已长大成男子汉了,他们摆出"很傲"的样子,其实,他们的心潮早被女生的夏季风吹得呼啦啦响。

1.诗中是如何刻画女生形象的?
2.诗中是如何刻画男子汉形象的?

扬州的夏日

◆朱自清

> 绿杨村的幌子,挂在绿杨树上,随风飘展,使
> 人想起"绿杨城郭是扬州"的名句。

扬州从隋炀帝以来,是诗人文士所称道的地方;称道的多了,称道得久了,一般人便也随声附和起来。直到现在,你若向人提起扬州这个名字,他会点头或摇头说:"好地方!好地方!"特别是没去过扬州而念过些唐诗的人,在他心里,扬州真像蜃楼海市一般美丽;他若念过《扬州画舫录》一类书,那更了不得了。但在一个久住扬州像我的人,他却没有那么多美丽的幻想,他的憎恶也许掩住了他的爱好;他也许离开了三四年并不去想它。若是想呢,——你说他想什么?女人;不错,这似乎也有名,但怕不是现在的女人吧?——他也只会想着扬州的夏日,虽然与女人仍然不无关系的。

北方和南方一个大不同,在我看,就是北方无水而南方有。诚然,北方今年大雨,永定河,大清河甚至决了堤防,但这并不能算是有水;北平的三海和颐和园虽然有点儿水,但太平衍了,一览而尽,船又那么笨头笨脑的。有水的仍然是南方。扬州的夏日,好处大半便在水上——有人称为"瘦西湖",这个名字真是太"瘦"了,假西湖之名以行,"雅得这样俗",老实说,我是不喜欢的。下船的地方便是护城河,曼延开去,曲曲折折;直到平山堂,——这是你们熟悉的名字——有七八里河道,还有许多杈杈桠桠的支流。这条河其实也没有顶大的好处,只是曲折而有些幽静,和别处不同。

沿河最著名的风景是小金山,法海寺,五亭桥;最远的便是平山堂了。金山你们是知道的,小金山却在水中央。在那里望水最好,看月自然也不错——可是我还不曾有过那样福气。"下河"的人十之九是到这儿的,人不免太多些。法海寺有一个塔,和北海的一样,据说是乾隆皇帝下江南,盐商们连夜督促匠人造成的。法海寺著名的自然是这个塔;但还有一桩,你们猜不着,是红烧猪头。夏天吃红烧猪头,在理论上也许不甚相宜;可是在实际上,挥汗吃着,倒也不坏。五亭桥如名字所示,是五个亭子的桥。桥是拱形,中一亭最高,两边四亭,参差相称;最宜远看,或看影子,也好。桥洞颇多,乘小船穿来穿去,另有风味。

平山堂在蜀冈上。登堂可见江南诸山淡淡的轮廓;"山色有无中"一句话,我看是恰到好处,并不算错。这里游人较少,闲坐在堂上,可以永日。沿路光景,也以闲寂胜。从天宁门或北门下船,蜿蜒的城墙,在水里倒映着苍黝的影子,小船悠然地撑过去,岸上的喧扰像没有似的。

船有三种:大船专供宴游之用,可以挟妓或打牌。小时候常跟了父亲去,在船里听着谋得利洋行的唱片。现在这样乘船的大概少了吧?其次是"小划子",真像一瓣西瓜,由一个男人或女人用竹篙撑着。乘的人多了,便可雇两只,前后用小凳子跨着;这也可算得"方舟"了。后来又有一种"洋划",比大船小,比"小划子"大,上支布篷,可以遮日遮雨。"洋划"渐渐地多,大船渐渐地少,然而"小划子"总是有人要的。这不独因为价钱最贱,也因为它的伶俐。一个人坐在船中,让一个人站在船尾上用竹篙一下一下地撑着,简直是一首唐诗,或一幅山水画。而有些好事的少年,愿意自己撑船,也非"小划子"不行。"小划子"虽然便宜,却也有些分别。譬如说,你们也可想到的,女人撑船总要贵些;姑娘撑的自然更要贵了。这些撑船的女子,便是有人说过的"瘦西湖上的船娘"。船娘们的故事大概不少,但我不很知道。据说以乱头粗服,风趣天然为胜;中年而有风趣,也仍然算好。可是起初原是逢场作戏,或尚不伤廉惠;以后居然有了价格,便觉意味索然了。

北门外一带,叫做下街,"茶馆"最多,往往一面临河。船行过时,茶客与乘客可以随便招呼说话。船上人若高兴时，也可以向茶馆中要一壶茶，或一两种"小笼点心"，在河中喝着，吃着，谈着。回来时再将茶壶和所谓小笼，连价款一并交给茶馆中人。撑船的都与茶馆相熟，他们不怕你白吃。扬州的小笼点心实在不错：我离开扬州，也走过七八处大大小小的地方，还没有吃过那样好的点心；这其实是值得惦记的。茶馆的地方大致总好，名字也颇有好的。如香影廊，绿杨村，红叶山庄，都是到现在还记得的。绿杨村的幌子，挂在绿杨树上，随风飘展，使人想起"绿杨城郭是扬州"的名句。里面还有小池，丛竹，茅亭，景物最幽。这一带的茶馆布置都利落有致，迥非上海、北平方方正正的茶楼可比。

"下河"总是下午。傍晚回来，在暮霭朦胧中上了岸，将大褂折好搭在腕上，一手微微摇着扇子；这样进了北门或天宁门走回家中。这时候可以念"又得浮生半日闲"那一句诗了。

朱自清先生是一位优秀的作家，他的散文无不渗透着一片"至性深情"。读着这样的散文，你只会有真挚、自然、亲切之感，而毫无夸张、做作之嫌。

1. 文章第一自然段在结构上有什么重要作用？

2. 作者着重描绘了扬州夏日的哪些景致？

3. 全文抒发了作者一种什么样的感情？

夏日原野上的追赶

◆李栋梁

瓜地里的西瓜像一个个孩子一样顽皮地瞪着我,如果能抱着一个大西瓜狼吞虎咽一气,那该有多爽啊!

从上学开始,老师就不止一次地在黑板上写下"最有意义的事"这样的作文题目。什么是最有意义的事呢?现在想来,那时写的几乎都是一些好人好事,什么捡钱包、让座位、扶老人过马路……这当然是有意义的。然而,如果要把它们说成是我们生命中最有意义的事,似乎也并不准确。因为人生最有意义的事将会对我们产生恒久的影响,会成为我们一生中一直闪亮的灯塔,会影响到我们人生的航线和生命的质量。

我常常在想,生命里最有意义的事,往往就静默于你的生命之中,然而却会在你生命的某一时刻,呈现出强烈的意义来。

那是一年夏天的事。我在山里放羊。山坡下有一块瓜地。酷烈的阳光将西瓜熟透的气息一丝一丝地逼入我的体内。看瓜的是一个老人,他一直闭着眼睛躺在一个草棚子下面。我想他一定是睡着了。这大夏天的正午,太阳把人身体里的力气一点点都蒸发了,连那把根扎了不知有多深的老树,都像在开水锅里煮过一般,叶子卷得扯都扯不开,他不睡着才怪!瓜地里的西瓜像一个个孩子一样顽皮地瞪着我,如果能抱着一个大西瓜狼吞虎咽一气,那该有多爽啊!

我终于鼓足了勇气,一个猛子扎进瓜地摘下一个大西瓜,但就在这时,我的背后传来一声大喝,我抱上瓜就跑。虽然他的大喝带给我极大的恐惧,但当我抱着瓜开始跑的时候,我充满了自信。想想吧,一个六七十岁的老人要追一个 12 岁的孩子,那简直就是龟兔赛跑!我抱着瓜回头看看那个追过来的老人,他腿脚不太利索,跑起来的样子很好笑。我心里在笑他,他怎么就不想一想,他怎么可能追上我呢?

夏日的田野是富有的,到处是绿色。我就在这样的田野里,像一只被追赶的兔子一样奔跑着,并不时回过头去看看那追赶我的老人。他一瘸一拐地追着。我跑一段,就停下来向他举举手中的西瓜,然后继续往前跑。耳边的风掠过我的头发,像母亲手中的梳子梳过一样轻柔而舒适。我的奔跑将深藏于绿色之中的兔子、狐狸、山猫惊动起来了,野鸡、麻雀、鸽子也从草地上翔起。整个田野更显得繁华而富有,

79

我甚至有些喜欢这种被追赶下的奔跑了。

我跑出老远,心想他一定停下来了吧。可回头一看,他依然一瘸一拐地追着。我只得又将西瓜向他举了举,继续往前跑。

在夏日的炎阳下长时间奔跑并不是件容易的事,我已经气喘吁吁,嗓子像吃过辣子一样干涩燥热,衣裤像水洗过一样贴在了身上。我有些支持不住了,但老人依然在一瘸一拐地追赶。看得出来,他没有放弃的意思,仿佛他丢失的不是一个瓜,而是别的什么东西;而且似乎他也乐意在这夏日里无遮无拦的田野上做一个追赶者。

我开始困惑了,他要追到什么时候才算个尽头呢?但有一点儿我很明白,只要他不放弃,就会追上我的,一定会追上我的!

西瓜地离我们已经很远了,但他的追赶像一片巨大的云彩投下的阴影笼罩着我,我跑不出去。这就像马在风中跑,马比风的速度快,但马永远跑不出风的世界。我害怕起来了,人一害怕骨头就酥了。我不得不放弃。我将瓜放在了路上,跑到远处大口大口喘着粗气,看着他一步一步逼近,最终到达西瓜跟前。他抬起头看看我,然后像一个将军拎起敌人的首级一样将西瓜拎起来看看,又将西瓜放回原地,转过身一瘸一拐地归去了。

他归去的样子颇有些凯旋的意味。

这件事已经很遥远了。这些年来在社会上东奔西忙,我会时不时想起那场夏日原野上的追赶,想起看瓜老人那永不放弃的一瘸一拐的身影。

夏日的原野,酷烈难当。这样炎热的正午在原野上奔跑,其燥热可想而知了,但这是确实的,而且是一位一瘸一拐的老人。

作者通过写自己的这段经历,告诉人们:做任何事应执着追求,不畏困难,永不放弃。

1.什么是"我们生命中最有意义的事"?请用原文中的语句概括作答。(限25字以内)

2.你认为老人为什么要执意追赶"我"?从夏日原野上的这场追赶中,你获得了怎样的感悟?

八月的乡村

◆王春鸣

> 蜻蜓飞过来,蝉声飞过去,仅仅是一点儿尘世
> 天堂的痕迹,就使得我沉醉流连,泪流满面。

往常高楼梦醒,满耳是市声如潮,今天早晨我醒来的时候,竟听见风在林梢鸟儿在叫,那声音婉转清越,我猜想它们一定有光洁的羽毛,眼睛像红豇豆般圆润。穿过院子,却只看见一架丝瓜开着明艳的黄花。野蚕在桑树上做茧,晚熟的果子落下来,轻得像一句问候,白衬衣上立即洇出一点儿殷红。我的童年曾经深深地浸渍在这种颜色里,而甜美多汁的,则早已是回忆的味道。

在这个长长的假期里,我终于能够像一片叶子那样,完全地舒展开来。风吹过去,我听见自己自由的呼吸悬挂在田野的中央。忆及缚着细带子的高跟鞋,打着空调的办公室,那是何等惊险的繁华牢狱呵!我终于回来了!布衣荆钗,赤脚奔向四面来风的田园。于是今天早晨我醒来的时候,云彩从空中掠过,我看见一滴阳光停在露珠上,而露珠停在一根断了的蛛丝上,一棵生长了多年的老树轻轻摇着它们。蜻蜓飞过来,蝉声飞过去,仅仅是一点儿尘世天堂的痕迹,就使得我沉醉流连,泪流满面。

暖风中野香熏人,日头升高了,我走在八月乡村的院落里,倾听着天籁。金蛉子,野百合,红腹的小蜻蜓们喃喃细语。这儿对灵魂的打扰是那么少,土地像一个历遍沧桑的老人那样沉默着,任何翻耕和播种都不会打动他,在一季季生长成熟的过程里,他洞悉一切,雨露风霜,根的执著,可他什么都不说。阳光进不去的心界深处,喧嚣也难以渗入。隔了院子,一排排开花的芝麻在我的视野里笔直地立着,它们正在节节升腾,坚强的根须紧紧抓住一片片厚实的泥土。我长久地守望着它们,太阳的热量从地心传来,舐舐着我的脚心,亲近和痛苦的感觉是如此强烈,在它们的表层之下,我从前不曾接近过的东西一阵阵涌上来。

我走在八月乡村的院落里,看绿的茄子,紫的葡萄,番茄说红就红了,扁豆一边开花一边结荚。如果你不来,我一个人站在这里,怎么向你说清这些采了再长的果实,谢了又开的花朵,不是那种掐几枝插在瓶中的飘萍之美呢!如果这就是我们的生活而不是假期,如果你我都能像一株植物那样,一辈子紧紧地抓牢一片泥土,是多么好啊!

作者在这一幅不大的篇章里营造出特殊的审美境界,那是清而不寒、秀而不丽的田园风味。

1.八月的乡村迷人吗?

2.作者在这篇文章里寄寓着怎样的感情?

秋，是美的。

悠悠的闲云，澄净的蓝天，宁静的野草，丰硕的秋果，构成了她沉静、淡泊、成熟的独特之美。

天凉好个秋

宁可死个枫叶的红，
灿烂的狂舞天空，
去追向南飞的鸿雁，
驾着万里的长风！

秋　夜

◆鲁　迅

> 猩红的栀子开花时，枣树又要做小粉红花的
> 梦，青葱地弯成弧形了……

猩红的栀子开花时，枣树又要做小粉红花的梦，青葱地弯成弧形了……

在我的后园，可以看见墙外有两株树，一株是枣树，还有一株也是枣树。

这上面的夜的天空，奇怪而高，我生平没有见过这样的奇怪而高的天空。他仿佛要离开人间而去，使人们仰面不再看见。然而现在却非常之蓝，闪闪地映着几十个星星的眼，冷眼。他的口角上现出微笑，似乎自以为大有深意，而将繁霜洒在我的园里的野花草上。

我不知道那些花草真叫什么名字，人们叫他们什么名字。我记得有一种开过极细小的粉红花，现在还开着，但是更细小了，她在冷的夜色中，瑟缩地做梦，梦见春的到来，梦见秋的到来，梦见瘦的诗人将眼泪擦在她最末的花瓣上，告诉她秋虽然来了，冬虽然来了，而此后接着还是春，蝴蝶乱飞，蜜蜂都唱起春词来了。她于是一笑，虽然颜色冻得红惨惨地，仍然瑟缩着。

枣树，他们简直落尽了叶子。先前，还有　两个孩子来打他们别人打剩的枣子，现在是一个也不剩了，连叶子也落尽了，他知道小粉红花的梦，秋后要有春；他也知道落叶的梦，春后还是秋。他最后落尽叶子，单剩杆子，然而脱了当初满树是果实和叶子时候的弧形，欠伸得很舒服。但是，有几枝还低垂着，护定他从打枣的竿梢所得的皮伤，而最直最长的几枝，却已默默地铁似的直刺着奇怪而高的天空，使天空闪闪地亮，直刺着天空中圆满的月亮，使月亮窘得发白。

鬼䀹眼的天空越加非常之蓝，不安了，仿佛想离去人间，避开枣树，只将月亮剩下。然而月亮也暗暗地躲到东边去了。而一无所有的杆子，却仍然默默地铁似的直刺着奇怪而高的天空，一意要制他的死命，不管他各式各样地映着许多蛊惑的眼睛。

哇的一声，夜游的恶鸟飞过了。

我忽而听到夜半的笑声，吃吃地，似乎不愿意惊动睡着的人，然而四围的空气都应和着笑。夜半，没有别的人，我即刻听出这声音就在我嘴里，我也即刻被这笑声所驱逐，回进自己的房，灯火的带子也即刻被我旋高了。

后窗的玻璃上丁丁地响，还有许多小飞虫乱撞。不多久，几个进来了，许是从

窗纸的破孔进来的。他们一进来,又在玻璃的灯罩上撞得丁丁地响,一个从上面撞进去了,他许是遇到火,而且我以为这火是真的。两三个却休息在灯的纸罩上喘气。那罩,是昨晚新换的罩,雪白的纸,折出波浪纹的迭痕,一角还画出一枝猩红色的栀子。

猩红的栀子开花时,枣树又要做小粉红花的梦,青葱地弯成弧形了……我又听到夜半的笑声,我赶紧砍断我的心绪,看那老在白纸罩上的小青虫,头大尾小,向日葵子似的,只有半粒小麦那么大,遍身的颜色苍翠得可爱,可怜。

我打一个呵欠,点起一支纸烟,喷出烟来,对着灯默默地祭奠这些苍翠精致的英雄们。

鲁迅先生一直是我们崇敬的先哲,读完这篇散文,能体味到他的孤独、坚强不屈和战斗精神。

1.作者为什么说"可以看见墙外有两株树,一株是枣树,还有一株也是枣树"?

2.理解文章结尾一段话的深刻内涵。

3.作者歌颂了一种什么样的精神?

秋

◆杜运燮

经历过春天萌芽的破土,/幼叶成长中的扭曲和受伤,/这些枝条在烈日下也狂热过,/差点儿在雨夜中迷失方向。

连鸽哨也发出成熟的音调,
过去了,那阵雨喧闹的夏季。
不再想那严峻的闷热的考验,
危险游泳中的细节回忆。
经历过春天萌芽的破土,

幼叶成长中的扭曲和受伤，
这些枝条在烈日下也狂热过，
差点儿在雨夜中迷失方向。

现在，平易的天空没有浮云，
山川明净，视野格外宽远；
智慧、感情都成熟的季节啊，
河水也像是来自更深处的源泉。

紊乱的气流经过发酵，
在山谷里酿成透明的好酒；
吹来的是第几阵秋意？醉人的香味
已把秋花秋叶深深染透。

街树也用红颜色暗示点什么，
自行车的车轮闪射着朝气；
塔吊的长臂在高空指向远方，
秋阳在上面扫描丰收的信息。

诗人首先通过秋与夏的对比描绘，暗示出了社会政治生活所产生的重大变革和转折。诗人分别从自然和人们生活的角度来讴歌秋天，是为了说明秋色、秋意不仅仅存在于自然之中，而且也存在于人们的心灵之中。

1．诗人如何从自然的角度来讴歌秋天的？
2．诗人如何从生活的角度来讴歌秋天的？
3．"秋"象征着什么？

秋　魂

◆刘增山

春天的土地是温馨的,它使万物萌生;夏天的土地是热烈的,它使生命拔节;秋天的土地则是诚实的,它用收成证明着播种者的品质。

人们啊,你可知秋天为何有一个丰厚的收获?
因为它有着一个成熟的头脑。

——题记

秋　实

秋天了,成熟的果实却低下了头,它不是在孤芳自赏,也不是在自我陶醉,更不是在哀泣自己将跌落枝头。它是在想:我是怎样成熟的呢?

不是风,我能成熟吗?怕早已霉烂了;

不是雨,我能成熟吗?怕早已干瘪了;

不是光,我能成熟吗?怕早已苍白了;

不是热,我能成熟吗?怕早已憔悴了。

世界上有不经过风吹雨打而成熟的果实吗?

世界上有不经过光射日晒而成熟的收获吗?

秋　色

秋是什么颜色?

谷子说:秋是黄色的,我就是叫秋风吹黄的。高粱说:秋是红色的,我就是叫秋气染红的。棉花说:秋是白色的,不然,我哪里会有这银装素裹呢?墨菊却说:秋是黑色的,我开放的花朵就是证明。松柏说:秋和夏没什么区别,都像我一样青翠。

秋天听了摇摇头说:不,不,我是五彩缤纷的。如果我只属于一种颜色,那秋天该是多么单调啊!

秋　味

你品味过秋吗？它是什么滋味？

苹果说：秋是香的，不信你闻闻；甘蔗说：秋是甜的，不信你尝尝；槐籽说：秋是苦的，不信你嚼嚼；秦椒说：秋是辣的，世上的人没有不知道；红果说：秋是酸的，连山里的石头都晓得……真是众说纷纭，各抒己见。

秋天笑了笑说：你们的见解对一半错一半，我是香的，又不单是香的；我是甜的，又不只是甜的；我是苦的，又不光是苦的；我是辣的，也不全是辣的；我是酸的，更不尽是酸的。在我的收获里，充满着酸、甜、苦、辣各种味道，不信，就请去问问那饱经忧患的庄稼人吧！

秋　风

有人说：秋风是冷酷无情的，抱怨它吹跑了树叶，吹落了果实，吹掉了种子，说它吹走了一个勃勃生机的世界。

人们啊，你可曾想过这样的道理吗？

如果不是秋风将树叶吹落梢头，那片片叶子不是要被严冬所撕碎吗？如果不是秋风将果实卸下高枝，那果实不是要被冰雪所吞噬吗？如果不是秋风将种子吹下茎秆，那种子不是要被酷寒所冻僵吗？是秋风，把叶子介绍给根须，使它找到了延续生命的道路；是秋风，把种子藏进了厚实的泥土，使它有了一个萌生春天的温床；是秋风，把果实领进了一个个温暖的家，使它保存了生命的胚胎。

感谢秋风吧，别曲解了它那一片保护生命的慈母般的心肠。

秋　叶

飘悠悠，飘悠悠，盘旋的秋叶在落下之前，似乎忧心忡忡。

秋叶呀，你是怕人们忘记了你的贡献吗？不会的，人们不会忘记你一生的苦累劳作，不会忘记你夏日献出的绿阴、秋天献出的收获。秋叶呀，你是在哀伤自己生命的短促吗？不要这样英雄气短！你的灿烂一生并不会随着秋的到来而结束，殷实的种子已带着你的希望，向春天奔去了，秋叶呀，你是惦记那失去叶的枝头会被冰霜所冻煞吗？不会的，它在你的养育下，早已不是昨日那弱不禁风的娇儿女，而已经长成了铁干虬枝的大丈夫。

飘悠悠,飘悠悠,秋叶依然在那里盘旋着,它似乎既不留恋枝头,也不忧虑命运,而是在寻觅自己的归宿。它是在想:既然生命已有了一个不寻常的开头,那怎样才会有一个不寻常的结尾呢?

秋 土

春天的土地是温馨的,它使万物萌生;夏天的土地是热烈的,它使生命拔节;秋天的土地则是诚实的,它用收成证明着播种者的品质。

如果你种下的是莠籽,秋天收获的定是一片杂草;如果你种下的是秕子,秋天收获的定是一把糟糠;如果你种下的是楝子,秋天收获的定是苦果;如果你种下的是蒺藜,秋天收获的定是丛刺;如果你种下的是懒惰,秋天收获的定是饥饿;如果你什么也不种,秋天收获的则是一片空旷。

如果你种下的是葵花,秋天收获的是一片金黄;如果你种下的是棉花,秋天收获的定是温暖;如果你种下的是甘蔗,秋天收获的定是蜜糖;如果你种下的是石榴,秋天收获的定是火样的玛瑙;如果你种下的是红豆,秋天收获的定是相思……

秋说:人们啊,在你播种时,最好先想想秋天会有什么样的收获吧!

秋 景

春天了,当大地受到大自然宠爱的时候,它的门前涌来了那么多宾客:

黄莺来了,为大地唱着殷勤的歌儿,以求得大地的喜爱;蝴蝶来了,为大地舞着谄媚的翅膀,以求得到大地的欢心;花儿来了,为大地披红戴绿,以求得到大地的青睐;杨柳来了,为大地情意绵绵,以求得到大地亲昵。

秋天了,当大地在酷霜下失去宠爱时,昔日盈门的宾客却纷纷离散:黄莺哑了,不知飞到了何处;蝴蝶躲了,变成蛹藏到了地下;花儿谢了,向大地收回了那红裙绿衫;杨柳枯了,洒给大地一片片冷漠……

不平的秋风拍着大地劝告说:来年,再也不要理睬这些薄情者啦。

大地淡然地一笑答道:如果那样,我不也变得一样薄情了吗?

心灵体验

与其说这是一篇散文,不如说这是一首散文诗更恰当。诗,在思想上要有飞跃、升华。这其实就是"哲理"。在《秋魂》的每一小节里,处处都蕴含着哲理,处处显露出作者的睿智。

1."秋魂"的"魂"体现在哪里？
2.你如何理解"世界上有不经过风吹雨打而成熟的果实吗？"
3.秋天是什么滋味？说说你的见解。

故 都 的 秋

◆ 郁达夫

> 从槐树叶底，朝东细数着一丝一丝漏下来的日光，或在破壁腰中，静对着像喇叭似的牵牛花(朝荣)的蓝朵，自然而然地也能够感觉到十分的秋意。

秋天，无论在什么地方的秋天，总是好的；可是啊，北国的秋，却特别地来得清，来得静，来得悲凉。我的不远千里，要从杭州赶上青岛，更要从青岛赶上北平来的理由，也不过想饱尝一尝这"秋"，这故都的秋味。

江南，秋当然也是有的；但草木凋得慢，空气来得润，天的颜色显得淡，并且又时常多雨而少风；一个人夹在苏州上海杭州，或厦门香港广州的市民中间，混混沌沌地过去，只能感到一点点清凉，秋的味，秋的色，秋的意境与姿态，总看不饱，尝不透，赏玩不到十足。秋并不是名花，也并不是美酒，那一种半开，半醉的状态，在领略秋的过程上，是不合适的。

不逢北国之秋，已将近十余年了。在南方每年到了秋天，总要想起陶然亭的芦花，钓鱼台的椰影，西山的虫唱，玉泉的夜月，潭柘寺的钟声。在北平即使不出门去罢，就是在皇城人海之中，租人家一椽破屋来住着，早晨起来，泡一碗浓茶，向院子一坐，你也能看得到很高很高的碧绿的天色，听得到青天下驯鸽的飞声。从槐树叶底，朝东细数着一丝一丝漏下来的日光，或在破壁腰中，静对着像喇叭似的牵牛花(朝荣)的蓝朵，自然而然地也能够感觉到十分的秋意。说到了牵牛花，我以为以蓝色或白色者为佳，紫黑色次之，淡红色最下。最好，还要在牵牛花底，教长着几根疏疏落落的尖细且长的秋草，使作陪衬。

北国的槐树，也是一种能使人联想起秋来的点缀。像花而又不是花的那一种落蕊，早晨起来，会铺得满地。脚踏上去，声音也没有，气味也没有，只能感出一点点极微细极柔软的触觉。扫街的在树影下一阵扫后，灰土上留下来的一条条扫帚的丝纹，看起来既觉得细腻，又觉得清闲，潜意识下并且还觉得有点儿落寞，古人所说的梧桐一叶而天下知秋的遥想，大约也就在这些深沉的地方。

秋蝉的衰弱的残声，更是北国的特产；因为北平处处全长着树，屋子又低，所以无论在什么地方，都听得见它们的啼唱。在南方是非要上郊外或山上去才听得到的。这秋蝉的嘶叫，在北平可和蟋蟀耗子一样，简直像是家家户户都养在家里的家虫。

还有秋雨哩，北方的秋雨，也似乎比南方的下得奇，下得有味，下得更像样。

在灰沉沉的天底下，忽而来一阵凉风，便"息列索落"地下起雨来了。一层雨过，云渐渐地卷向了西去，天又晴了，太阳又露出脸来了；穿着很厚的青布单衣或夹袄的都市闲人，咬着烟管，在雨后的斜桥影里，上桥头树底下去一立，遇见熟人，便会用了缓慢悠闲的声调，微叹着互答着的说：

"唉，天可真凉了——"（这了字念得很高，拖得很长。）

"可不是么？一层秋雨一层凉了！"

北方人念阵字，总老像是层字，平平仄仄起来，这念错的歧韵，倒来得正好。

北方的果树，到秋来，也是一种奇景。第一是枣子树；屋角，墙头，茅房边上，灶房门口，它都会一株株地长大起来。像橄榄又像鸽蛋似的这枣子颗儿，在小椭圆形的细叶中间，显出淡绿微黄的颜色的时候，正是秋的全盛时期；等枣树叶落，枣子红完，西北风就要起来了，北方便是尘沙灰土的世界，只有这枣子、柿子、葡萄，成熟到八九分的七八月之交，是北国的清秋的佳日，是一年之中最好也没有的Golden Days。

有些批评家说，中国的文人学士，尤其是诗人，都带着很浓厚的颓废色彩，所以中国的诗文里，颂赞秋的文字特别的多。但外国的诗人，又何尝不然？我虽则外国诗文念得不多，也不想开出账来，做一篇秋的诗歌散文钞，但你若去翻一翻英德法意等诗人的集子，或各国的诗文的 Anthology 来，总能够看到许多关于秋的歌颂与悲啼。各著名的大诗人的长篇田园诗或四季诗里，也总以关于秋的部分，写得最出色而最有味。足见有感觉的动物，有情趣的人类，对于秋，总是一样的能特别引起深沉，幽远，严厉，萧索的感触来的。不单是诗人，就是被关闭在牢狱里的囚犯，到了秋天，我想也一定会感到一种不能自已的深情；秋之于人，何尝有国别，更何尝有人种阶级的区别呢？不过在中国，文字里有一个"秋士"的成语，读本里又有着很普遍的欧阳子的《秋声》与苏东坡的《赤壁赋》等，就觉得中国的文人，与秋的关系特别深了。可是这秋的深味，尤其是中国的秋的深味，非要在北方，才感受得到底。

南国之秋，当然是也有它的特异的地方的，比如廿四桥的明月，钱塘江的秋潮，普陀山的凉雾，荔枝湾的残荷等等，可是色彩不浓，回味不永。比起北国的秋来，正像是黄酒之与白干，稀饭之与馍馍，鲈鱼之与大蟹，黄犬之与骆驼。

秋天，这北国的秋天，若留得住的话，我愿把寿命的三分之二折去，换得一个三分之一的零头。

郁达夫是我国现代文学史上著名的散文大家，他的散文一如他的小说清隽幽婉，凄切俊逸，笔端饱含感情。不仅那些直接抒情的文字一唱三叹，充满激情，即使描写山水景物，也是以情遣笔，富于色彩和节奏。《故都的秋》是他后期散文代表作，一改前期散文过于夸饰和铺张的不足，文字更洗练，意境更含蓄，精心雕刻却似浑然天成。

1. 作者描绘的是哪里的秋天？
2. 作者在写秋时，重点抓住了秋的哪些典型意象？
3. 文章结尾这段话表达了作者什么样的思想感情？

关于秋天

◆林文月

满地落叶，往往随风迁动，忽在人行道里侧，忽又吹到街心，有时干枯的叶子还会追逐在行人的脚边，有一种不可言喻的扰人的愉悦。

关于秋天，如今真是越来越说不清楚了。

最初的认识，秋天，就是意味着夏后冬前的一个季节，是禾谷成熟之时，是气候凉爽，四季之中最宜人的季节。那是读小学时，自然课本告诉我们的。但那时候，我住在上海，称为十里洋场的那个大都市，到处高楼林立，极目四望，只见街巷人头，看不见一抹山影，更遑论禾谷了。

童年就在五谷不辨的环境中长大，插秧收获诸事，一概不知。至于秋天的气候是不是凉爽宜人，说实在的，已在记忆之外，十分模糊不清楚。

93

倒是不能忘怀北四川路那一长排高大的法国梧桐树,到了秋天,巴掌大的叶子总会随风飘零。先是一片、两片,零星的掉落。上学或放学的途中,与同学三五成群嬉笑走过那石板铺成的人行道,总喜欢选取几片最好看的落叶夹在课本中;秋深以后,叶子落得快,便来不及拾取,也不再有新鲜感与好奇心了。满地落叶,往往随风迁动,忽在人行道里侧,忽又吹到街心,有时干枯的叶子还会追逐在行人的脚边,有一种不可言喻的扰人的愉悦。

年少时关于秋天的印象大抵如此,总不脱与北四川路,以及那一长排的法国梧桐树相关联着。

稍长后,来到这个陌生的故乡。最令我讶异的莫过于处处存在的绿色了。远山翠峰连绵起伏着,眼前则又是三线道上迎风摇曳如长发的大王椰,然而,法国梧桐树是难觅了;难觅的,还有叶落木空的秋景。上海北四门路上拾取梧桐叶的时光,遂一去不复返矣。嬉笑无忧的童年,有如紧夹在旧课本中的叶片,虽然脉络依稀可识,终究已色泽枯淡,是遥远而美丽的记忆之残叶。

然而,我却在四季常青的台湾,看到了春耕秋收之农事。春风里,翼彼新苗的景象,固然欣欣可喜;当其不知觉中秋季到来时,禾实累累的金黄色波浪,更是何等壮观!从此,生长于都市的我,也得有机会亲近泥土,辨识谷类了。只不过,禾熟未必就代表秋天,不期然而遇见的二期稻熟,甚至三期稻熟,都会教人对季节疑惑不已。

啊,我陌生的故乡,真是难以捉摸她的四季。说"四季如春",未见得可信,尤其在台北,冬天也还是有相当寒冷的日子,夏天则恒常酷热,只是春季与秋季极其短暂,稍一不留意,就让它们滑溜过去了。

依照中国人的古老算法,秋季所指应为农历的七、八、九三个月份,相当于新历的8、9、10三个月份。但是,亚热带的这一段时间,正是炎夏的延续,艳阳当首,草树茂盛而葱翠,岂有一些秋意?而光阴何其匆匆,渡海来台不觉已历一世。成长以后的我,关于秋天的认知,得之于体验者寡,而获诸文字者反居多。

秋天,应该是怎么样的呢?老杜《秋兴八首》起头的两句"玉露凋伤枫树林,巫山巫峡气萧森",可视为典型的秋景,而其中"气萧森"三字,尤其能道出秋之为秋的特色。秋之有异于春、夏的明艳繁华,而又不同于冬季的封闭凝结,是因为它呈现出由生机蓬勃而趋向于死寂静止的过程中那种收敛含蓄,因此古人称四季为青春、朱明、素秋、玄冬。

秋天的属性虽云素,却不意味它是素白无色的。小杜的"霜叶红于二月花",便指出丹枫经霜以后更显现得清新无垢的色泽;而谢康乐的诗句"晓霜枫叶丹,夕曛岚气阴",则几乎沟通了老杜与小杜二人的诗,点出枫叶在萧森的秋天所负有的重要使命。不过,霜叶虽然红于二月花,那红叶究竟有别于明艳的花色,是属于谦逊有韵致的红色。

而秋天的颜色又何尝止于枫红?陶渊明深知菊花有傲霜之姿,更有难以形容的美丽颜色,便只好索性咏歌道:"秋菊有佳色。"秋菊到底有什么佳色呢?如人饮水冷暖自知,凡看过菊花的人都知道,那种高贵冷艳的颜色,有限的形容词都难以捕捉摹描,惟独最平凡的"佳"字。反而能够借赏诗者各人的经验和想像而与作者当时的感动共鸣。

当枫叶在众目注视中变红之际,其实银杏也正在敛抑地默默转黄。这种俗称白果的树,通常长得极其高大,枝叶繁密,冬天会结椭圆形的果实在带刺的硬壳中。我最喜爱那扇形的叶子,一到秋天就会转变为杏黄色,像无数的小扇子点缀枝干之间。如果秋天的景色没有这银杏的黄叶与枫树的红叶相间于其他苍翠之中,大自然定会逊色不少。

然而,枫红与银杏无缘在自己的故乡看见,倒是有几回在短暂的旅次中得以饱览。印象最深刻的是京都的秋景。

京都原称平安京,为日本明治维新以前的古都。其都市建设系仿我国长安古城营造,故而街道纵横如棋盘,其间又点缀着许多古刹名寺,而就地形言之,处于盆地之中,四面环山,则又与台北有几分相似,所以特别能引起我的怀古思乡之情。

京都的秋景,黄叶与红叶相间于深沉的青翠之中,远峰如是,近郊如是,城里庭内道旁亦复如是。那种丰饶的草树花色,美得令人心醉心痛。是的,往往在接触极美的事物时,我有心痛想哭的感觉。京都的秋色,就是这样美得令我有欲泪的冲动。不过,江山洵美,信非吾乡,京都的秋景,除了以其美感动我,令我心醉心痛,也常常使我妒羡。

其实,关于秋天,也不必一定要亲自登高赏览才会感动。这许多年以来,许多间接的经验,也在我的记忆中留下深刻的印象,成为不可磨灭的一部分。多年前看到一部法国影片——《秋风吹的街头》,故事并没有什么大震撼人心的内容,只是世间男女悲欢离合的爱情际遇罢了。但是,不俗的导演手法,衬以古典的黑褐色忧伤的调子,在一个秋风吹落枯叶的古老街头,一对男女邂逅又分离。如此简单的故事,我想,当时吸引我的,毋宁是那秋风秋叶的背景吧。说实话,到如今已不复记得故事的琐碎情节了,可是,每当想起《秋风吹的街头》这个片名,我仍难禁于一种泫然心痛的情绪。

另有一首我已经记不周全的英文抒情老歌——*September Song*,由 Joe Stephord 主唱。最难忘记她以低沉的声音幽幽唱出:

But it's a long long way
From May to December,
And the day grows short
When you reach September…

　　那种淡淡的哀伤情调,由成熟的女低音唱出来,不仅谱成了季节的九月之歌,也或者双关地意味着人生的九月之歌吧。所谓夕阳无限近黄昏,人生在夕阳时刻,秋天季节,岂不也集合了成熟与智慧之美?只可叹黄昏已近,玄冬将临,来日苦少,此诚无可奈何之事!

　　唉,就这样子,当自己逐渐接近人生的秋季时,关于秋天的认知,便不只系于捡拾梧桐落叶的那种欢悦了。

　　而今,关于秋天,我所知道的似乎较为丰多,却又仿佛越来越说不清楚了。

　　读完全文,我们会发现,作者表面上是在搜索记忆中有关秋的印象,其实却是在诉说自己的人生感怀。她发现,当她真正拥有了对于秋的领悟时,自己也逐渐接近人生的秋季了。这使她对于秋"越来越说不清楚了",其实是欲说还休。

　　1.读完全文,说说作者为什么说"关于秋天,如今真是越来越说不清楚了"?

　　2.这篇散文抒发了作者什么样的人生感怀?

探　　秋

◆金耀基

> 海城的秋，像一切好的秋一样，美得太玲珑，
> 太脆弱，总是不能久住，总是难消受的，而我就是
> 禁不住不去探秋。

在海德堡，对秋的第一次惊艳，还是10月27日海大施洛克德教授请我去他尼加格梦(Neckargemund)的家里晚餐的那个下午。车一出海城，远山近树，大片大片的金黄红紫，照眼的艳丽，迎面逼来。在古城的研究室里，我竟差点儿误了秋的莅临。

施洛克德家中落地窗外那一棵已经通身黄透了的枫树，把雅致的客厅变成了清丽舒适的"赏秋轩"。他夫人碧琪煮的一满壶咖啡，在面对一园的秋色时，就更香甜了。当然，也饮了不少葡萄酒和她亲制的糕点。纵使没有秋菊和大闸蟹，我已觉无负这个秋了。另一对客人是刚从祖国大陆、香港回来的海大教授夫妇，他俩都大赞香港山顶风光之佳绝。噢，对了，我也忆起中文大学秋天了。一面背山、三面环海的中大校园，在秋天的山头是最清绝的，见不到落叶，但隔着云山，就可遥望故国的万木萧萧。

惊秋之后的第一个有阳光的早晨，我就随着落叶，缓步登上古城对岸"圣山"的"哲人路"。一向静幽幽的"哲人路"，在枫叶摇动中更增添了几分冷趣，而哲人的"脚印"都已埋在黄的红的落叶中了。从一棵还挂着稀落星散的红叶树中，向下远眺，海德堡古城千百间凝聚成群的红屋顶在阳光闪耀下，愈加红得令人心动了。秋的太阳原来是可以这样妩媚的，也难怪11月后总是千呼万唤始露面了。坐在阳光洒落的石椅上，静静地看古老的海城，真是越看越醉，又岂止是"相看两不厌"呢？

在这样寒浸衣袖的季节，想不到有不少探秋的人。是了，德国人是出名爱山林的民族，海城所属的"黑森林"之家，一半以上的Beden Wurttemberg，是著名的"黑森林"之家，一半以上的居民每星期都会到山林散步，有的甚至不可一日不入林。工业先进的德人对工业文明的心情始终是矛盾的，伟大的文学巨灵像歌德、席勒、赫塞都是山林的咏赞者，难怪当德人知道他们7400万公顷的森林有三分之一以上受到工业"酸雨"之侵蚀而受伤，甚或垂垂死亡时，他们的惊愕与创痛是可以想见的。"黑森林"竟有一山山、一谷谷的美林得了树的"艾滋病"，失去了抗疫的能

力了。海城在"黑森林"的北缘，"圣山"的树林看来是幸运的，海城没有什么污气的工业，树还是像树一样的在寒风中挺立着，尽管落叶纷纷，也只是脱去了秋装，不是与世告别的泪雨。不过，海城人一定更格外觉得他们的山林的珍贵了。我看到一对银丝满头的老夫妇，手牵手地停在满山的秋林前细细低语。他们有一辈子谈不完的情话？还是在庆幸他们属于仍能眼见无恙的山林的一代？

从"哲人路"向上深入，转过几条小径，到了"俾斯麦碑"附近，树更高了，落叶也更多了。见到几个少男少女埋头在满地黄叶中找东西。"找什么呀？"我听不懂德语，但手中交给我的是一颗栗子。噢！原来是香港、台北街头吃到的栗子！不知是不是天津良乡的那种？真惭愧，这是我第一次看到栗子原来还是藏在满身荆棘的球壳里的。那半绽开球壳里的栗子的色泽，不尝就知是香甜可口的了。江南逃难的童年岁月还是依稀记得的，为了躲避日寇，母亲带着我们在山乡水泽东奔西走，我与兄弟在田野中捡过野菜，也在山溪中抓过鱼虾，但没有捡过栗子。不由得像少男少女一样，我也弯身用树枝在层层的残枝败叶中找起栗子来了。路过的人都投以友善好奇的眼光，真是"时人不识余心乐，将谓偷闲学少年"了。

从"哲人路"步下狭窄得只可容身二人的红石小径，真是难忘的经验。是的，还是我9年前走过的，但那是5月晚春的红石小径，没有今日黄叶间错点缀的那份丽色，这是秋的小径，是不想走尽的曲曲小径。

出了小径，便到了尼加河畔的兰德路(Landstuasse)了。左边转个弯，没几步路，就是韦伯(Max Weber)的故居了。韦伯于1920年去世后，他的遗孀玛丽安娜(Mauianne)在这里居住到20世纪50年代，在这段孤独的岁月中，她把韦伯未发表的手稿，包括《经济与社会》的巨构，一一整理问世，还写了部韦伯一生的传记，玛丽安娜实不止是韦伯一生的伴侣，也是知识上的知己。当年男女主人健在时，这所三层楼的大屋是欧洲学者文士聚会的沙龙，今天已是海德堡大学神学院和哲学所的学生宿舍了。看来，这所屋子没有受到好好地护修，门锁都有些破损，后园更是满地残叶，久未清扫。我熟悉地步上二楼，9年前，在那宽敞的阳台上，我曾欣赏到5月晚春初夏之交的海城风光，而此刻所见尼加河对岸半山上的古堡，已是悬在斑斓的枫红枫黄中了。

在抽完一斗板烟时，我离开韦伯的故居，匆匆过了古桥，直上古堡，担心着太阳骤然间会消失掉。海城的秋，在阳光里才更显出她高贵的艳丽。

古堡的中庭，除了那棵柳树还摇荡着未尽的绿意，佛屈力克宫、奥多汉尼克宫、镜宫、铃塔、井屋，都是那么清冷。春夏时分，游人如织，笑语盈庭，如今偌大的庭园中，只有在披浴了11月软绵绵阳光的角落，才见到情侣的依偎。不知他们听不听得到古堡这一组残缺建筑奏出的"硬性音乐"的《秋声赋》？

步出中庭,古堡的残垒就在秋山秋树中了。一树树的菊黄,一树树的蟹红,满山是又艳又冷的色彩。噢,这景色何其如画?这不是国画的秋,是西画的秋,是印象派的杰作!忍不得要欣赏这幅熟透了的秋,正坐着一椅杳杳的秋阳,一阵风起,满地的落叶就与新的飞红飞黄飞舞在一起了!

海城的秋,像一切好的秋一样,美得太玲珑,太脆弱,总是不能久住,总是难消受的,而我就是禁不住不去探秋。

在《探秋》中,我们可以明显地感受到作者"'诗'的冲动与联想"。作者抒情写景,清丽动人,把心情渗透在景物描写中,使理性渗入感性的抒发,文章因而多姿多彩,意态飞扬。

1.简要说说探秋的过程。
2.试就文章最后一段谈谈作者"诗"的冲动与联想。

秋 荷

◆ 曹国瑞

西下的秋阳,透过灿烂的云霞,给荷塘镀上一层橘红、古铜色,竟使那株株凝立的秋荷,像铜浇铁铸一般。

清秋九月,薄寒轻袭,那荷塘中,整个长夏凝翠欲滴的莲荷,自不免由新绿而老绿而黑褐地褪了颜色。硕大的圆叶,边缘可都翻卷起来。只有那茎,仍亭亭立着,显得瘦骨嶙峋。西下的秋阳,透过灿烂的云霞,给荷塘镀上一层橘红、古铜色,竟使那株株凝立的秋荷,像铜浇铁铸一般。

收获莲藕的人来了,把荷塘中的水放尽,露出那黑黝黝、黏糊糊的泥土。人们喧笑着,开始把秋荷一株株拔出,在田埂上码好……

在北方,莲荷栽种不多,塘也不大,远不及江南那"接天莲叶无穷碧,映日荷花别样红"的气势,似乎也不见有渔舟误入藕荷深处,惊起一滩鸥鹭。但那田田的叶子,以及错落在凝碧中胭脂般、乳玉般的荷花,却也赏心悦目。溽暑熏人,予人一片清凉;熏风荡波,自有百种娇媚。荷花谢罢,便拥出小喷壶头似的莲蓬。那莲子饱满、圆实,据说食下有清心明目之善。

秋夜,偶有闲暇,我每去居家附近的荷塘小伫。我不解古人那"秋雨缠绵,声散败荷丛里"的凄怆,或"留得枯荷听雨声"的孤郁。我只喜欢秋夜的恬静,当然对秋荷也兼有惜别之意。我思忖,世上万物,或有面目质朴而有大用者,或徒具外形美而于人实无裨益者。然难得如莲荷,形美艳又能予人以实惠,朴雅而不失柔媚,纵"老之将至"却又添凝重与刚劲……

哦,秋荷,你自会坦然、欣然,随秋风而去,连着人们的赞誉。但我深知,在你足下那黑黝黝、黏糊糊的泥土中,深蕴着形如象牙、色如乳玉的嫩藕,那该是秋荷留与世人的眷眷素心、绵绵情意……

作者赞美秋荷,酷暑时给人以"清凉",清风徐来时有百种娇媚等等,这些并不是作者的真正意图,作者是想通过写秋荷来赞颂如秋荷一样高洁的人。

1.作者在文章第一自然段是如何细致描绘秋荷的?
2."西下的秋阳"下的秋荷,"像铜浇铁铸一般"寄寓着作者什么样的感情?

两 片 秋 叶

◆陈薇莉

> 人生,不都如这枯叶么?在转瞬即逝的浓绿后
> 转黄,变黑,飘飘地坠地,不知葬身于哪一个角落!

秋意浓人肃杀,一阵风过,光秃秃的树干上颤颤地缀着几片不肯就去的枯叶,瑟缩地打着旋儿。倏地,一片落叶飘进了我摊开的书页。黑黄的色,边儿早已碎败,蜷曲着身子,不知被什么虫子咬得满是疮洞。我突然想到愁,不正是心上搁了个秋么?

我悲秋,我亦恋秋。每当第一片落叶从浓密的绿中飘飞下来,每当凉凉的秋雨

无声地润了我的窗帘,那种夹杂着甜味的愁就会袭上心来,牵出一线忧思,唇边也会滑出一声长长的"唉",落进心底,化一怀莫名的悲哀。

人生,不都如这枯叶么?在转瞬即逝的浓绿后转黄,变黑,飘飘地坠地,不知葬身于哪一个角落!

又一阵风过,叶儿在书扉上颤了颤,想要飞去。我捂住了它,想把它嵌入书中,旋即又觉得摊开的这本书的词语太热,容不得这冰冷的形体,须得另寻一本。

从枕旁的书堆上取到一封未拆的信,想是同寝室的给带回来搁在那儿的。一看那刚劲的、微微右斜着似要飞向什么地方去的字体,立时就像看到了那双闪着亮点儿的眼睛,一股热热的生命的力量关不住般地从那里溢了出来。于是,我的搁上了秋的心顿然感到一阵麻酥酥的暖意。他爱我,但他更爱大山——这使我气恼,大学毕业后,他选择了大山!

拆开封口,抽出信来,一片红红的什么被带了出来掉在地上。定睛一看,腾地涌起一股热,热,从心窝里往外冒的热——那是一片火一般红的枫叶!

我木然地站着,下意识地将两片秋叶搁在一处。顿时,那片枯叶在红枫的映照下越发显露出它的可憎可怜!我迷惘起来,我弄不懂我自己,何故竟会生了要将这片以枯死的形体冷了人心的叶儿珍藏起来的雅兴?

"你爱这大山的红枫么?"那双溢着热热生命之力的眼睛盯住我说,"是的,它也坠落于肃杀的秋风之中,然而,它却是挤尽了热,将自身烧得通红,用自己最后的生命,给寒冷的世界装点上一片红于二月花的色彩……"

我慢慢觉得,心上搁了秋,并不尽是愁。人生的春固然可爱,但也用不着为留它不住而无端发愁。即便到了秋,也还有这烧红的枫叶,何况春后还有夏哩。

我于是将那枯叶弹出了窗外,将那片来自大山的红枫嵌进了书页。

"秋风秋雨愁煞人","天凉好个秋","秋来风雨多,落叶无人归"……"悲秋"算得上是中国文人的一种人生情结。然而,秋天毕竟还有另一种情致,它象征成熟,象征弘毅,亦如枫叶,虽也会坠落于肃杀的秋风之中,仍然挤尽热,烧得通红,用最后的生命,装点世界。作者由悲秋、哀秋转而为爱秋、思秋,情动于中,感人至深。

1. 作者为什么说"我悲秋,我亦恋秋"?

2. 说说你对"人生,不都如这枯叶么?"的深刻理解。

秋　韵

◆宗　璞

> 满树茂密的叶子都黄透了，从树梢披散到地，
> 黄得那样滋润，好像把秋天的丰收集聚在那里了。
> 让人觉得，这才是秋天的基调。

　　京华秋色，最先想到的总是香山红叶。曾记得满山如火如荼的壮观，在太阳下，那红色似乎在跳动，像火焰一样。二三友人，骑着小驴笑语与得得蹄声相和，循着弯曲小道，在山里穿行。秋的丰富和幽静调和得匀匀的，向每个毛孔渗进来。后来驴没有了，路平坦得多了，可以痛快地一直走到半山。如果走的是双清这一边，一段山路后，上几个陡台阶，眼前会出现大片金黄，那是几棵大树，现在想来，也是银杏罢。满树茂密的叶子都黄透了，从树梢披散到地，黄得那样滋润，好像把秋天的丰收集聚在那里了。让人觉得，这才是秋天的基调。

　　今年秋到香山，人也到香山。满路车辆与行人，如同电影散场，或要举行大规模代表会。只好改道万安山，去寻秋意。山麓有一片黄栌，不甚茂密。法海寺废墟前石阶两旁，有两片暗红，也很寥落。废墟上有顺治年间的残碑，镌有不得砍伐，不得放牧的字样。乱草丛中，断石横卧，枯树枝头，露出灰蓝的天和不甚明亮的太阳。这似乎很有秋天的萧索气象了。然而，这不是我要寻找的秋的韵致。

　　有人说，该到圆明园去，西洋楼西北的一片树林，这时大概正染着红、黄两种富丽的颜色。可对我来说，不断的寻秋是太奢侈了，不能支出这时间，且待来年罢。家人说：来年人更多，你骑车的本领更差，也还是无由寻到的。那就待来生罢，我说，大家一笑。

　　其实，我是注意今世的。清晨照例的散步，便是为了寻健康，没有什么浪漫色彩。这一天，秋已深了，披着斜风细雨，照例走到临湖轩下小湖旁，忽然觉得景色这般奇妙，似乎我从未到过这里。

　　小湖南面有一座小山，山与湖之间是一排高大的银杏树。几天不见，竟变成一座金黄屏障，遮住了山，映进了水。扇形叶子落了一地，铺满了绕湖的小径。似乎这金黄屏障向四周渗透，无限地扩大了。循路走去，湖东侧一片鲜红跳进眼帘。这样耀眼的红叶！不是黄栌，黄栌的红较暗；不是枫树，枫叶的红较深。这红叶着了雨，远看鲜亮极了，近看时，是对称的长形叶子，地下也有不少，成了薄薄一层红毡。在小片鲜红和高大的金屏障之间，还有深浅不同的绿、深浅不同的褐、棕等丰富的颜

色环抱着澄明的秋水。冷冷的几滴秋雨,更给整个景色添了几分朦胧,似乎除了眼前一切,还有别的蕴藏。

这是我要寻的秋的韵致么?秋天是有成绩的人生,绚烂多彩而肃穆庄严,似朦胧而实清明,充满了大彻大悟的味道。

秋去冬来之时,意外地收到一份讣告,是父亲的一位哲学友人故去了。讣告上除生卒年月外,只有一首遗诗,译出来是这等模样:

> 不要推却友爱
> 不要延迟欢乐
> 现在不悟
> 便永迷惑
> 在这里
> 一切都有了着落

我要寻找的秋韵,原来便在现在,在这里,在心头。

秋韵,关键在"韵",这是自然的律动,还是秋韵的流露,要通过景与人来描绘。

看了此文,有何感想,是你心中的秋韵吗?

1. 什么是"秋天的基调"?用文中的语句作答。
2. 作者笔下的"秋韵"如何?
3. 说说文中引用的诗文的意思。

秋　夜

◆丽　尼

> 青苗是可爱的;土地散发着芳香。然而,土地
> 却渐渐地变成荒芜,渐渐地不属于自己了。

四个人在田间的小径上移动着,如同四条影子,各人怀抱着自己的寂寞,和世界的愁苦。

月色是迷蒙的,村庄已经遥远了。

小溪之中没有流水,田间没有庄稼。

路旁坟上的古柏,在月光之下显得更加憔悴而苍老了。

惟有秋风是在忧愁地吹。

没有夜露。

没有目的的旅程,向着什么地方去的呢?世界是一个大的荒原。

只是如影子一般地沉默着啊。

低着头,看着自己的影子没在黄尘之中,想着被留在故乡的人们的命运。

往古的日子回到记忆中来,那些日子,如今是不会有的了。

于是,脚步渐渐地移动得更为缓慢。

往日,那是什么日子?只要把种子撒在地上,就是收成。手和足还有什么用啊!村里的人会酿酒,会织布,会笑,会唱歌。

工作里面有着快乐。只要得到了五串钱,可不是就有一亩自己的土地?

青苗是可爱的;土地散发着芳香。然而,土地却渐渐地变成荒芜,渐渐地不属于自己了。

四个人寂寞地移动着,如同四条影子。

乌云却围合了上来,罩住了整个的大地。

"就是能够下雨吧,下雨又有什么用?从枯槁的干草和别人的田禾里面能够希望收成么?出去了的人就没有能够回来的;从往古直到现在,永远是这个道理。"

于是,沉默地走着了,走向不可知的土地。

在心底,不知觉地闯入了客死他乡的哀愁。

寻水的田蛙被饥饿的土蛇追赶着,发出了哀哀的鸣声。

秋风在田野之中作着不可以理解的咒语。

"黑暗里还有前途么?"

于是，哀愁的心如铅一般地沉落了，给每个人加上了重负。

移动着，寂寞地，四条影子，被埋在黑夜的怀中。

丽尼是一位命运坎坷的散文家、翻译家。读他的散文总能体味出文章中散发出来的忧愁、感伤和孤独。

1.从文中的哪些景致可以体味到忧愁？
2.说说这篇散文的写作特色。

秋 的 气 味

◆林海音

秋天在北方的故都，足以代表季节变换的气味的，就是牛羊肉的膻和炒栗子的香了！

秋天来了，很自然的想起那条街——西单牌楼。

无论从哪个方向来，到了西单牌楼，秋天，黄昏，先闻见的是街上的气味。炒栗子的香味弥漫在繁盛的行人群中，赶快朝向那熟悉的地方看去，和兰号的伙计正在门前炒栗子。和兰号是卖西点的，炒栗子也并不出名，但是因为它在街的转角上，首当其冲，就不由得就近去买。

来一斤吧！热栗子刚炒出来，要等一等，倒在箩中筛去裹糖汁的沙子。在等待秤包的时候，另有一种清香的味儿从身边飘过，原来眼前街角摆的几个水果摊子上，啊！枣、葡萄、海棠、柿子、梨、石榴……全都上市了。香味多半是梨和葡萄散发出来的。沙营的葡萄，黄而透明，一出两截，水都不流，所以有"冰糖包"的外号。京白梨，细而嫩，一点儿渣儿都没有。"鸭儿广"柔软得赛豆腐。枣是最普通的水果，朗家园是最出名的产地，于是无枣不郎家园了。老虎眼、葫芦枣、酸枣，各有各的形状和味道。"喝了蜜的柿子"要等到冬季，秋天上市的是青皮的脆柿子，脆柿子要高庄儿的才更甜。海棠红着半个脸，石榴笑得露出一排粉红色的牙齿。这些都是秋之果。

抱着一包热栗子和一些水果，从西单向宣武门走去，想着回到家里在窗前的

105

方桌上，就着暮色中的一点儿光亮，家人围坐着剥食这些好吃的东西的快乐，脚步不由得加快了。身后响起了当当的电车声，五路车快到宣武门的终点了。过了绒线胡同，空气中又传来了烤肉的香味，是安儿胡同口儿上，那间低矮窄狭的烤肉宛上人了。

门前挂着清真的记号，他们是北平许多著名的回教馆中的一个，秋天开始，北平就是回教馆子的天下了。矮而胖的老五，在案子上切牛羊肉，他的哥哥老大，在门口招呼座儿，他的两个身体健康、眼睛明亮、充分表现出回教青年精神的儿子，在一旁帮着和学习着剔肉和切肉的技术。炙子上烟雾弥漫，使原来就不明的灯更暗了些，但是在这间低矮、烟雾的小屋里，却另有一股温暖而亲切的感觉，使人很想进去，站在炙子边举起那两根大筷子。

老五是公平的，所以给人格外亲切的感觉。它原来只是一间包子铺，供卖附近居民和路过的劳动者一些羊肉包子。渐渐的，烤肉出了名，但它并不因此改变对主顾的态度。比如说，他们只有两个炙子，总共也不过能围上一二十人，但是一到黄昏，一批批的客人来了，坐也没地方坐，一时也轮不上吃，老五会告诉客人，再等二十几位，或者三十几位，那么客人就会到西单牌楼去绕个弯儿，再回来就差不多了。没有登记簿，他们却是丝毫不差的记住了前来后到的次序。没有争先，不可能插队，一切听凭老大的安排，他并没有因为来客是坐汽车的或是拉洋车的，而有什么区别，这就是他的公平和亲切。

一边手里切肉一边嘴里算账，是老五的本事，也是艺术。一碗肉，一碟葱，一条黄瓜，他都一一唱着钱数加上去，没有虚报，价钱公道。在那里，房子虽然狭小，却吃得舒服。老五的笑容并不多，但他给你的是诚朴的感觉，在那儿不会有吃得意气这种事发生。

秋天在北方的故都，足以代表季节变换的气味的，就是牛羊肉的膻和炒栗子的香了！

"秋天在北方的故都，足以代表季节变换的气味的，就是牛羊肉的膻和炒栗子的香了！"作者通过描述西单牌楼一条街的各种食物散发出的诱人的香味，从一个侧面表现了秋的魅力。

1.这篇散文主要写了些什么事情？
2.课外阅读林海音的其他作品，试着总结林海音作品的语言美点。

秋天的况味

◆林语堂

秋是代表成熟,对于春天之明媚娇艳,夏日之
茂密浓深,都是过来人,不足为奇了,所以其色淡,
叶多黄,有古色苍茏之慨,不单以葱翠争荣了。

　　秋天的黄昏,一人独坐在沙发上抽烟,看烟头白灰之下露出红光,微微透露出暖气,心头的情绪便跟着那蓝烟缭绕而上,一样的轻松,一样的自由。一转眼缭烟变成缕缕的细丝,慢慢不见了,而那霎时,心上的情绪也跟着消沉于大千世界,所以也不讲那时的情绪,而只讲那时的情绪的况味。待要再划一根洋火,再点起那已点过三四次的雪茄,却因白灰已积得太多,点不着,乃轻轻的一弹,烟灰静悄悄的落在铜炉上,其静寂如同我此时用毛笔写在中纸上一样,一点儿的声息也没有。于是再点起来,一口一口的吞云吐雾,香气扑鼻,宛如偎红倚翠温香在抱的情调。于是想到烟,想到这烟一股温煦的热气,想到室中缭绕暗淡的烟霞,想到秋天的意味。这时才想起,向来诗文上秋的含义,并不是这样的,使人联想的是肃杀,是凄凉,是秋扇,是红叶,是荒林,是凄草。然而秋确有另一意味,没有春天的阳气勃勃,也没有夏天的炎烈迫人,也不像冬天之全入于枯槁凋零。我所爱的是秋林古气磅礴气象。有人以老气横秋骂人,可见是不懂得秋林古色之滋味。在四时中,我于秋是有偏爱的,所以不妨说说。秋是代表成熟,对于春天之明媚娇艳,夏日之茂密浓深,都是过来人,不足为奇了,所以其色淡,叶多黄,有古色苍茏之慨,不单以葱翠争荣了。这是我所谓秋的意味。大概我所爱的不是晚秋,是初秋,那时暑气初消,月正圆,蟹正肥,桂花皎洁,也未陷入凛冽萧瑟气态,这是最值得赏乐的。那时的温和,如我烟上的红灰,只是一股熏熟的温香罢了。或如文人已排脱下笔惊人的格调,而渐趋纯熟练达,宏毅坚实,其文读来有深长意味。这就是庄子所谓"正得秋而万宝成"结实的意义。在人生上最享乐的就是这一类的事。比如酒以醇以老为佳,烟也有和烈之辨。雪茄之佳者,远胜于香烟,因其味较和。倘是烧得得法,慢慢的吸完一支,看那红光炙发,有无穷的意味。鸦片吾不知,然看见人在烟灯上烧,听那微微"哔剥"的声音,也觉得有一种诗意。大概凡是古老,纯熟,熏黄,熟练的事物,都使我得到同样的愉快。如一只熏黑的陶锅在烘炉上用慢火炖猪肉时所发出的锅中徐吟的声调,是使我感到同观人烧大烟一样的兴趣。或如一本用过二十年而尚未破烂的字典,或是一张用了半世的书桌,或如看见街上一块熏黑了老气横秋的招

牌,或是看见书法大家苍劲雄浑的笔迹,都令人有相同的快乐。人生世上如岁月之有四时,必须要经过这纯熟时期,如女人发育健全遭遇安顺的,亦必有一时徐娘半老的风韵,为二八佳人所绝不可及者。使我最佩服的是邓肯的佳句:"世人只会吟咏春天与恋爱,真无道理。须知秋天的景色,更华丽,更恢奇,而秋天的快乐有万倍的雄壮,惊奇,都丽。我真可怜那些妇女识见褊狭,使她们错过爱之秋天的宏大的赠赐,"若邓肯者,可谓识趣之人。

以轻松的笔调吐露真情,使林语堂的散文大多读来如对至友,亲切有味。《秋天的况味》即是他用亲切闲适的笔调写成的散文代表作之一。

1.在作者眼中,秋代表着什么?
2.读完全文,可以感知作者什么样的胸怀?
3.说说这篇文章的语言特色。

噢! 那秋

◆张 默

其实,秋天的形貌是很单纯的,也许它永远呈现淡黄色,像银杏林那样浮云般地飘动着,它永远是一个调调儿,像舒伯特的小夜曲,轻柔悠长而凄美。

你是指那些黄黄的叶簇吗?
你是指那群疏疏的枝丫吗?
你是指那泓澄澄的秋水吗?
其实,它们的形貌,不仅是站在四分之三季节的臂弯里,同时也站在每个自然人的眼眸里,特别是一些喜欢拨弄琴键的歌手,还有披红枕绿的画匠,他们怎能放弃这样的境界?
天地间万事万物都因你的眷顾而结实,稻穗呈现金黄色,在田畴里涌起千顷波浪,它们彼此前呼后拥地,把大地织成另一种景致,而庄稼汉更是眉飞色舞,想想看不久他们即将丰收,满仓满廪的稻谷压得所有的阡陌都喘不过气来……

谁说你们不是风景的塑造者?

你们临风而立,迎风而舞,顺风而歌,那一大片广阔的土地,摊开在你们的眼前,你能说那不是一种丰盛,一种激越,一种惊喜?

其实,秋天的形貌是很单纯的,也许它永远呈现淡黄色,像银杏林那样浮云般地飘动着,它永远是一个调调儿,像舒伯特的小夜曲,轻柔悠长而凄美。

假如你们邀集三五好友,静静地在山野间徜徉,那么你们的呼吸器官里,一定充满琮琮琤琤的管弦丝竹之音。你们也许懒于分辨那些直上云天的红桧群,为何脱光衣履,勾肩搭背地在彼此眺望,而那些修长的孟宗竹,则是终日在萧萧瑟瑟地耳语,为来往穿梭的旅人祈福,从它们洁净的身躯,你不难感知清者自清,浊者自浊,所谓楚河汉界,原本泾渭分明得很哩!

其实,秋天的声音也很撩人的。它不在樵夫的脚踝上,也不在垂钓者的行囊中,更不在村姑们的头巾里,它总是不急不徐地流浪在溪涧边,假如你要捕捉那些飞溅的瀑布,假如你想听听那些动人的秋声,那么何妨把你的心沉静下来,什么都不要想,什么都不管,你只要屏住呼吸,闭起眼睛,我保证你一定会有意想不到的收获,说不定你会在一个短暂的时序里,异常激烈地感知,那正如欧阳修所描绘的:"初淅沥以萧飒,忽奔腾而澎湃。"然而这是真的吗?是秋天在为你击鼓吗?也许什么都不是,这里的山野明明是空无一人,哪里有什么声响,一切都在静静地蜕变,树由绿而转黄,草由碧而转枯……一切都在无言地蜷缩与淡化,而人类生命的荣枯是否亦复如此?

你能说这不是自然的律动吗?

其实,我还是我,一个桀骜不驯的我,那些秋声、秋形、秋意,又能把我怎样呢?

作者"噢"的不仅是秋天,而且"噢"的是人类和人类的生命。文章的色彩有明有暗,基调热烈而凄清,于此明显可以看出作者充满矛盾的心情。作者能否从矛盾中解脱出来,文章给我们留下了想像的空间。

1."谁说你们不是风景的塑造者?""你能说这不是自然的律动吗?"这两句在文章中有什么重要作用?

2.从文义看,所谓"自然的律动"指的是什么?

3.文章的结尾留给我们很大的想像空间,试着说出你的感受。

秋天 · 秋天

◆张晓风

梧桐叶子开始簌簌地落着,簌簌地落着,把许
多神秘的美感一起落进我的心里来了。

满山的牵牛藤起伏,紫色的小浪花一直冲击到我的窗前才猛然收势。

阳光是耀眼的白,像锡,像许多发光的金属。是哪个聪明的古人想起来以木像春而以金像秋的?我们喜欢木的青绿,但我们怎能不钦仰金属的灿白。

对了,就是这灿白,闭着眼睛也能感到的。在云里,在芦苇上,在满山的翠竹上,在满谷的长风里,这样乱扑扑地压了下来。

在我们的城市里,夏季上演得太长,秋色就不免出场得晚些。但秋是永远不会被混淆的。——这坚硬朗朗的金属季。让我们从微凉的松风中去认取,让我们从新刈的草香中去认取。

已经是生命中第二十五个秋天了,却依然这样容易激动。正如一个诗人说的:"依然迷信着美。"

是的,到第五十个秋天来的时候,对于美,我怕是还要这样执迷的。

那时候,在南京,刚刚开始记得一些零碎的事,画面里常常出现一片美丽的郊野,我悄悄地从大人身边走开,独自坐在草地上。梧桐叶子开始簌簌地落着,簌簌地落着,把许多神秘的美感一起落进我的心里来了。我忽然迷乱起来,小小的心灵简直不能承受这种兴奋。我就那样迷乱地拾起一片落叶。叶子是黄褐色的,弯曲的,像一只载着梦的小船,而且在船舷上又长着两粒美丽的梧桐子。每起一阵风我就在落叶的雨中穿梭,拾起一地的梧桐子。必有一两颗我所未拾起的梧桐子在那草地上发了芽吧?二十年了,我似乎又能听到遥远的西风,以及风里簌簌的落叶。我仍能看见那些载着梦的船,航行在草原里,航行在一粒种子的希望里。

又记得小阳台上的黄昏,视线的尽处是一列古老的城墙。在暮色和秋色的双重苍凉里,往往不知什么人又加上一阵笛音的苍凉。我喜欢这种凄清的美,莫名所以地喜欢,小舅舅曾带我一直走到城墙的旁边,那些斑驳的石头,蔓生的乱草,使我有一种说不出的感动。长大了读辛稼轩的词,对于那种沉郁悲凉的意境总觉得那样熟悉,其实我何尝熟悉什么词呢?我所熟悉的只是古老南京城的秋色罢了。

后来,到了柳州,一城都是山,都是树。走在街上,两旁总夹着橘柚的芬芳。学校前面就是一座山,我总觉得那就是地理课本上的十万大山。秋天的时候,山容澄

清而微黄,蓝天显得更高了。

"媛媛,"我怀着十分的敬畏问我的同伴,"你说,教我们美术的龚老师能不能画下这个山?"

"能,他能。"

"能吗?我是说这座山全部。"

"当然能,当然,"她热切地喊着,"可惜他最近打篮球把手摔坏了,要不然,全柳州、全世界他都能画呢!"

沉默了好一会儿。

"是真的吗?"

"真的,当然真的。"

我望着她,然后又望着那座山,那神圣的、美丽的、深沉的秋山。

"不,不可能。"我忽然肯定地说:"他不会画,一定不会。"

那天的辩论后来怎样结束,我已不记得了。而那个叫媛媛的女孩子和我已经阔别了十几年。如果我能重见到,我仍会那样坚持的。

没有人会画那样的山,没有人能。

媛媛,你呢?你现在承认了吗?前年我碰到一个叫媛媛的女孩子,就急急地问她,她却笑着说已经记不得住过柳州没有了。那么,她不会是你了。没有人会忘记柳州的,没有人能忘记那苍郁的、沉雄的、微带金色的、不可描摹的山。

而日子被西风刮尽了,那一串金属性的、有着欢乐丁当声的日子。终于,人长大了,会念《秋声赋》了,也会骑在自行车上,想像着陆放翁"饱将两耳听秋风"的情怀的。

秋季旅行,相片册里照例有发光的记忆。还记得那次倦游回来,坐在游览车上。

"你最喜欢哪一季呢?"我问芷。

"秋天,"她简单地回答,眼睛里凝聚了所有美丽的秋光。

我忽然欢欣起来。

"我也是,啊,我们都是。"

她说了许多秋天的故事给我听,那些山野和乡村里的故事。她又向我形容那个她常在它旁边睡觉的小池塘,以及林间说不完的果实。

车子一路走着,同学沿站下车,车厢里越来越空虚了。

"芷,"我忽然垂下头来,"当我们年老的时候,我们生命的同伴一个个下车了,座位慢慢地稀松了,你会怎样呢?"

"我会很难过。"她黯然地说。

我们在做什么呢?芷,我们只不过说了些小女孩的傻话罢了。那种深沉的、无可奈何的摇落之悲,又岂是我们所能了解的。

但,不管怎样,我们一起躲在小树丛中念书,一起说梦话的那段日子是美的。

而现在,你在中部的深山里工作,像传教士一样地工作着,从心里爱那些朴实的山地灵魂。今年初秋我们又见了一次面,兴致仍然那样好,坐在小渡船里,早晨的淡水河边没有揭开薄薄的蓝雾,橹声琅然,你又继续你的山林故事了。

"有时候,我向高山上走去,一个人,慢慢地翻越过许多山岭。"你说,"忽然,我停住了,发现四壁都是山! 都是雄伟的、插天的青色! 我吃惊地站着,啊,怎么会那样美! "

我望着你,芷,我心里充满了幸福。分别这么多年了,我们都无恙,我们的梦也都无恙——那些高高的、不属于地平线上的梦。

而现在,秋在我们这里的山中已经浓很白了。偶然落一阵秋雨,薄寒袭人,雨后常常又现出冷冷的月光,不由人不生出一种悲秋的情怀。你那儿呢?窗外也该换上淡淡的秋景了吧?秋天是怎样地适合故人之性,又怎样地适合银银亮亮的梦啊!

随着风,紫色的浪花翻腾,把一山的秋凉都翻到我的心上来了。我爱这样的季候,只是我感到我爱这样孤独。

我并非不醉心春天的温柔,我并非不向往夏天的炽热,只是生命应该严肃、应该成熟、应该神圣,就像秋天所给我们的一样——然而,谁懂呢?谁知道呢?谁去欣赏深度呢?

远山在退,遥遥地盘结着平静的黛蓝。而近处的木本珠兰仍香着(香气真是一种权力,可以统辖很大片的土地),溪水从小夹缝里奔窜出来,在原野里写着没有人了解的行书,它是一首小令,曲折而明快,用以描绘纯净的秋光的。

而我的扇页空着,我没有小令,只是我爱秋天,以我全部的虔诚与敬畏。

愿我的生命也是这样的,没有太多绚丽的春花、没有太多飘浮的夏天、没有喧哗、没有旋转着的五彩,只有一片安静淳朴的白色,只有成熟生命的深沉与严肃,只有梦,像一树红枫那样热切殷实的梦。

秋天,这坚硬而明亮的金属季节,是我深深爱着的。

这篇文章题目很特别。第一个"秋天"是指自然界的秋天,具有实在的意义;第二个"秋天"是指人生的秋天,具有象征的意义。前一个"秋天"是躯壳,后一个"秋天"才是灵魂。在文章中,作者以广阔的空间为背景,对生命的意义进行了思考。

1. 作者是如何描写秋色、秋风、秋意、秋山、秋声、秋愁、秋水、秋雨、秋月的?用文章中的话作答。

2. 从这篇文章中,你对生命的意义有何见解?

芒草花田

◆朵 拉

> 惊逢芒草花田的当时并没有意识到,再也不可能在下一个秋天走过同一条清澈翠碧的河,再也无法与同一亩苍茫的芒草花田有多一次的欢悦重逢。

黄昏散步走过河边,于深深秋意间惊逢瑟瑟的芒草花田。高高的叶片和蓬蓬的穗状花,白茫茫地萋萋绵延,在斜阳的照耀下一片迷离。若是有人悄悄躲在草丛中,也看不见他的身影。凉飕飕的秋风吹掠,迎风的芒草花柔软而沉寂地朝同一个方向倒垂过去,眼看着就要伏贴在大地上,却又没有,仅只掠起一群聒噪的雀鸟,自绰约的芒草叶丛中纷纷飞向对岸莽莽苍苍的野林子。看着,感动于大地的风景竟可以是如此美好妩媚,原该继续往前走的轻捷脚步再也跨不过去。

之前刚穿越过一座果园,不见传说中像黄金一样明丽的果实,森森挂在造型优美的树上的是长形的绿叶子,深深的叶脉像人们手掌中天生下来便已经镂刻好的清晰掌纹,仔细瞧望间迷惑起来,是否每一片叶子也一萌生就有了注定的命运?

生命有许多目眩神迷的美丽,并非事先蓄意安排,却是在无意中巧合逢遇,然而喜悦相逢欢呼后亦无从掌握。总是看着光彩夺目的美景铮然闪现,当人还在清醒的边缘迷糊着,依恋不舍,它已似燃烧的火焰,纵然意犹未尽,不肯放手,亦被焚溟成灰,最终让措手不及的清风冷冽一拂,滴血的怆伤便痕迹在憔悴的心上。

佛家讲究机缘,若是缘分俱足,遥远的道路再如何曲折迂回,也能出现一场令生命闪光的邂逅。正似金黄色的夕阳照耀在翻飞的芒草花上,使得原本是银白色的花也闪发出金色的亮丽光芒。

曾经见过单株的芒草花,是一个大学男生送给心仪女生的节日礼物,那时不只感动,还因男生的不俗为浪漫的创意喝彩。街头巷尾的花店里摆放着一簇簇鲜灿硕大的玫瑰剑兰非洲菊,甚至默默地生长在路边的艳丽大红花或澄亮的小黄

113

花,全都可以随手买下摘下当礼物,而男生居然送了没有人留心注意的,在路边卑微野生,但却秀美细致的芒草花。

干了的芒草花保留了下来,没有继续往后发展的感情逐渐干涸了。有时候看见那株枯萎后依然澄明美丽如昔的芒草花,就要怅惘地回想那一段曾经拥有快乐和悲伤交错重叠的年轻日子。

不愿割舍而掌握不住的岁月,犹如芒草花田边的河水,静默无语往下潺潺直流。惊逢芒草花田的当时并没有意识到,再也不可能在下一个秋天走过同一条清澈翠碧的河,再也无法与同一亩苍茫的芒草花田有多一次的欢悦重逢。

原来世间有许多无法拒绝的事物。宛如花朵的盛放与凋零,绽开以后便是萎落,而且真是不会重回,新绽开的绚艳鲜花,并非原来的那一朵。况且就算你坚持永远不肯舍弃,永远没有结束,永远不愿妥协,也无力挽回。

一生中的惟一,在生命里只发生一次,绝无仅有,然后便是今生的诀别。憧憬和向往中的再见,无论如何竭力设法,也只是一份无法完成的执著。

在什么也没有准备好,无所察觉的时候,仓促地偶然交会,当强烈地企盼渴望着重逢时,却成心中的滂沱,永恒的期待。

黄昏散步,徐徐踱踱间瞧望路旁那些挺秀地生长的葱茏花树,抬头仍见金黄的夕阳和绚丽的晚霞,缤纷的景致既诱人又迷人,然而心中反复闪现的,总是那片根深蒂固地典藏着,永不消没隐失,并且可以让短暂冗长的回忆,纵情恣肆地驰骋的白茫茫金亮亮的芒草花田。

　　文章描绘了惊逢芒草花田时见到的景象,叙述了大学生将芒草花作为节日礼物的浪漫创意,警示我们珍爱生命,把握现在。全文语言清晰自然,极具特色。

　　1.文章在生动细腻的描绘中勾勒出了"芒草"、"芒草花"、"芒草花田"这三个鲜明美好的形象,说说各自的特点。

　　2."……是否每一片叶子也一萌生就有了注定的命运?"其中用了"也",表明应该存在一种相应的境况,这种境况应该是什么?

　　3.从文中"惊逢"的心路历程,说说"短暂而冗长的回忆"中,"短暂"和"冗长"是否矛盾,并由此概括文章的主题。

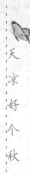

情寄深秋

◆郭　辉

> 有谁知道,那藏在石缝里的新奇,那吊在核桃树上的胆怯,和那徘徊在树梢上摇曳的童话,还属于我而立之年的昨天吗?

霜叶红于二月花的时候,萧瑟秋风今不是,换了人间的感慨顿时涌上心头。于是,诗情被秋天的景致所触动,似山涧流水,浪花飞溅,涟漪不断……

当我从襁褓中挣脱,跟跟跄跄地在深秋学步,山头、草地、河边、溪畔都留下了我深浅的脚印。深秋学步犹如我的一篇处女作,是生命之花中永不枯萎的那片花瓣。

当我在深秋时节,蹒跚地离开那清凌凌的池塘、芳草萋萋的溪畔,和溢满笑声的时候——

有谁知道,在弯曲的林间小径上,在我稚嫩的小脚窝里,又加盖了多少层深秋的落叶呢?

有谁知道,在我濯足的河边沙滩上,在流水丁东的声韵里,还漂泊着用纸船扎着的天真烂漫的我的童年吗?

有谁知道,那藏在石缝里的新奇,那吊在核桃树上的胆怯,和那徘徊在树梢上摇曳的童话,还属于我而立之年的昨天吗?

深秋的山,是色彩尽染的山。深秋的水,如同清澈的白练。山与水之间的关系唇齿相依扯也扯不断,如同母亲对孩儿的依依牵挂和思念……

啊,深秋的故乡,你的每一束浪花,你的每一粒石子。甚至你的每一块泥土,都像一个个有生命的音符,跳跃在我记忆的波涛中间。

啊,深秋的故乡,你的累累硕果,你的芳菲气息,甚至成熟与长大的脸,都镶嵌在我的记忆深处,葳蕤繁茂,永不凋零。

心灵体验

记得有谁说过,游子就像是一只在天空飞翔的风筝,故乡便是那放风筝的人。不管风筝飞多远、多高,那根风筝线总是连着两端——风筝和放风筝的人。多么形象的比喻啊。的确,乡情是一根挣不脱的线,不管你身居何处,不管你中年老年,更不管你成功还是失败。故乡永远是你梦中常去的地方!

115

1.这篇《情寄深秋》是借咏深秋以表达对故乡的思念之情呢，还是在深秋季节表达对故乡的思念之情？抑或都不是？

2.文中有三个排比段，这三段的内容是什么？你能将其中一段转换成描写性的文字吗？

3.读过余光中的《乡愁》吗？他是怎样表达自己思念之情的？

秋风牵动我心

◆ 裴玉兰

> 我似一片秋风中飘零的落叶，曾经的学业辉煌，总是站在阳光下的我，如今却在微凉的秋风中茫然、叹息，脆弱单薄的身子随着秋风下坠。

秋风几度乍起，吹皱了一池秋水，也唤起了我心中的思念。远离父母亲人，独自一人在外工作两年了，总是将思念折成小小的乌篷船，载着沉沉的家书，绕过高山，穿过江水，悄然飘到母亲的窗前。

秋风吹动树枝，随着枝头摇摆，便有叶子飘落，一片、一片，不像落在地上，倒像落在心里，我的眼睛模糊了。那飘洒的叶子，分明记录着母亲在如豆灯光下辛勤劳作的身影，那叶片多像母亲那很直很硬的背撑起的一方天，那叶脉又恰似母亲很深很深的皱纹，爬满母亲苍老的脸。

我远离母亲，一人漂泊在外。一如树叶飘离树身，成为一片落叶。曾经羡慕风的来去自如，羡慕雨的飘逸潇洒。而如今真正一个人在外生活、工作，那种孤零零的感觉便从四周层层包围我。一颗颤抖的心，总在寻找着慰藉："母亲离我并不遥远。"

我似一片秋风中飘零的落叶，曾经的学业辉煌，总是站在阳光下的我，如今却在微凉的秋风中茫然、叹息，脆弱单薄的身子随着秋风下坠。那一瞬间，真想抛开一切，飞奔到母亲的身旁，享受那至高无上的母爱。

秋风牵动我心，在孤寂的旅程中，注定会有母亲的影子与我相伴。至此，我不会再茫然，不会迷失方向。感受着风雨雷电，感受着生活的变幻，找寻自己的位置，到达人生至境。

秋风牵动我心，不再凄凉，落叶似我，却自有我的温暖。

秋风乍起，吹皱一池秋水，唤起无限思念。这思念越过高山，穿过流水，飘落到远方父母的窗前。在孤寂的旅途中，有这一份思念相伴，心中自会有一股暖意流动。

1. 试分析文中景物描写对表达情感所起的作用。
2. 秋风秋雨乍起的时候，伫立窗前的你在想些什么？

面向秋野

◆ [前苏联] 巴乌斯托夫斯基

每一行诗都在燃烧，仿佛河对面大片大片的
森林一天比一天强烈地显现出火红的秋天景色，
仿佛四周繁花似锦、盛况空前的九月景象。

今年的秋天自始至终又干燥又暖和。白桦树林老不发黄，青草老不枯萎。只有浅蓝色的薄雾(老百姓管它叫"旱雾")笼罩着奥卡河广阔的水面和远处的森林。

旱雾时浓时淡，宛如一块毛玻璃。透过它，可以看到河岸上一排排老爆竹柳朦胧的幻影，看到一片片枯萎的牧场和一垄垄绿油油的冬麦田。

我驾着一叶小舟顺流而下。蓦地，我听到天上传来一种声音，仿佛有人开始小心翼翼地把水从一个响亮的玻璃器皿注入另一个同样的器皿。这水声时而汩汩，时而玎玲，时而潺潺。这些声音充满了河面与天穹之间的整个空间。这是鹤鸣。

我抬头望去，只见一大群鹤排成一列一列，笔直朝南飞去。它们满怀信心、步调整齐地飞向南方——太阳在那边奥卡河的河湾里嬉戏，发出熠熠金光；它们飞向塔夫利达——一个名字具伤感的诗句，他是怎样得来的呢？

巴拉丁斯基这首诗具有一个杰作的典型特点——它长久地，几乎是永久地活在我们心中。我们自己也在丰富它，仿佛跟随诗人把它考虑得更成熟，并把诗人未尽之意发挥出来。

新的思想、形象和感情不断云集在脑子里。每一行诗都在燃烧，仿佛河对面大片大片的森林一天比一天强烈地显现出火红的秋天景色，仿佛四周繁花似锦、盛况空前的九月景象。

显然，真正的杰作必须具有这样一个特点：让我们步其真正作者的后尘，也变成和他平等的作者。

我在上面说过，我认为莱蒙托夫的《遗言》是一篇杰作。这自然是正确的。但是莱蒙托夫几乎所有的诗都是杰作啊。如《我独自一人走上了广阔的大路》《最后的新居》《短剑》《请你千万不要讥笑我这预言的悲哀》和《幻船》。没有必要一一列举了。

除了诗歌杰作以外，莱蒙托夫还留给我们一些像《塔曼》这样的散文杰作。它们像诗歌一样洋溢着他那心灵的热情。他悲叹自己把这种热情无望地浪费在孤寂的大荒漠中。

他是这样认为的，然而时间证明，他丝毫也没有浪费这种热情。这位在战斗和诗歌中都一无所惧的、其貌不扬的、好嘲笑人的军官的每一行诗，世世代代都将为人们所喜爱。我们对他的爱有如一种温柔的报答。

从休养所那边又传来了熟悉的歌声：

> 别给我增添盲目的忧闷，
> 别再谈过去的事情，
> 啊，关心备至的朋友，
> 别惊扰病人的美梦！

歌声很快沉寂下来，河面上又恢复了寂静。只有一艘喷水式汽艇在河湾后面发出轻微的嗡嗡声，还有几只不安静的公鸡在河对面大声啼叫，每逢天气发生变化——不管是天晴还是下雨，都同样叫个不停。札博洛茨基管它们叫做"夜的星占家"。他逝世前不久住在这儿，并且经常来奥卡河过渡。住在河边的人一天到晚在那儿逛来逛去。在那儿可以听到一切新闻和五花八门的故事。

"简直像马克·吐温的《密西西比河上的生活》！"札博洛茨基说，"只要在岸上坐一两个小时，就可以写一本书。"

札博洛茨基有一首描写大雷雨的好诗：《闪电痛苦得抖动，驰过世界上空》。这自然也是一篇杰作。这首诗里有一个能够引起强烈创作冲动的句子："我爱这喜色盈盈的昏暗，短促的夜充满灵感。"札博洛茨基说的是大雷雨之夜，"远方传来了第一阵惊雷——用祖国语言写下的最初的诗篇"。

很难说是什么原因，札博洛茨基关于充满灵感的短促的夜的诗句使人产生一种创作冲动，召唤人们去创作那种处于不朽界线上的、颤动着生活脉搏的作品。它们能够轻而易举地跨过这条界线，永远铭刻在我们心中——它们是这样光华熠熠、自由奔放，能够征服最冷酷的心。

就其思想之清晰、诗句之奔放和成熟、魅力之巨大而言,札博洛茨基的诗常常可以同莱蒙托夫和丘特切夫的作品媲美。

现在,再回过头来谈莱蒙托夫的《遗言》。

不久前,我读了一部关于蒲宁的回忆录。它谈到蒲宁晚年怎样如饥似渴地注视着苏联作家们的工作。他患了重病,躺在床上,但却老是请求,甚至强烈要求把从莫斯科收到的所有新书给他拿来。

有一次,别人给他拿来特瓦尔陀夫斯基的长诗《瓦西里·焦尔金》。蒲宁开始读了起来,突然,亲人们听到他的房间里传出了富有感染力的笑声。亲人们感到惊恐不安,因为蒲宁近来很少发笑。亲人们走进他的房间,看见蒲宁坐在床上。他的眼里噙满了泪水,双手拿着特瓦尔陀夫斯基的那部长诗。

"多了不起啊!"他说,"多好啊!莱蒙托夫把出色的口语引进了诗歌,而特瓦尔陀夫斯基把完全大众化的士兵语言勇敢地引进了诗歌。"

蒲宁高兴得笑起来了。当我们遇到某种真正美的事物时,我们常常是这样的。

我们很多诗人——普希金、涅克拉索夫、布洛克(在《十二个》中)掌握了赋予日常生活语言以诗的特点的秘密,但是在莱蒙托夫笔下,不管是在《波罗金诺》里,还是在《遗言》里,这种语言都保持着所有最细微的口语语调。

> ……难道指挥官胆子这样小,
> 不敢用我们俄国的刺刀
> 戳烂鬼子的军衣和军帽?

人们通常认为,杰作是不多的。恰恰相反,我们处在杰作的包围之中。我们往往不能一下子发现,它们怎样照亮了我们的生活,世世代代怎样不断放出光芒,使我们产生崇高的志向,给我们打开最伟大的宝库——我们的大地。

每遇到一部心爱的杰作就是对人类天才的光辉世界的一次突破。它往往令人又惊又喜。

不久以前,在一个舒适的、略带寒意的早晨,我在罗浮宫参观了萨莫色雷斯的胜利女神塑像。这尊塑像简直叫人百看不厌,逼着你非看它不可。

这是一位报告胜利消息的女神。她站在一艘希腊船只的笨重的船头——全身处在逆风、喧嚣的海浪和急剧的运动之中。她的双翼带着伟大胜利的消息。她的身体和随风飘舞的衣服上的每根欢乐的线条都清楚地表明这一点。

罗浮宫外面,冬天的巴黎在灰白色的雾围中显得一片昏暗。这是一个奇怪的冬天,街头小贩摊上堆积如山的牡蛎发出一阵阵海水的腥味,还有炒栗子、咖啡、葡萄酒、汽油和鲜花的气味。

罗浮宫装有暖气设备。从镶在地板上的漂亮铜格栅里吹来阵阵暖风。这种暖风稍微带一点儿尘土味。如果早一点儿进罗浮宫,一开门就立即进去,那你就会发现,许多格栅上一动不动地站着许多人,多数是老头子和老太婆。

这是正在取暖的乞丐。威严、机警的罗浮宫卫士不去干涉他们。卫士们装出一副根本没有看见这些人的样子,尽管他们不可能看不见。例如一个裹着一条破旧的灰色方格毛毯,样子很像堂·吉诃德的老乞丐,就在德拉克洛瓦的画前冻僵了。参观的人也似乎啥都没看见。他们只想快点从这些默默无言和一动不动的乞丐身边走过去。

我记得特别清楚的是一个小老太婆。她那枯瘦的脸不断地哆嗦着,身上披着一件由于年深日久早已由黑色变成棕黄色的油光闪亮的斗篷。这种斗篷只有我的奶奶披过,但是她所有的女儿,也就是我的姑姑们都很有礼貌地取笑她。即使在那些遥远的岁月里,这种斗篷也并不时髦。

罗浮宫的这位老太婆抱歉地笑着,时而专心致志地在一个破旧的小提包里翻几下,但是很清楚,除了一条破旧的手帕以外,提包里一无所有。

老太婆用这条手帕揩着泪盈盈的眼睛。这对眼睛里饱含着羞愧的痛苦,罗浮宫的很多参观者看了大概都会感到寒心。

老太婆的双腿明显地战栗着,但她不敢离开暖气装置的格栅,生怕别人马上把它占去。

一位上了年纪的女画家站在附近的画架后临摹波堤切利的一幅画。女画家毅然走到墙边,那儿有许多丝绒坐垫椅子。她拿了一张沉甸甸的椅子,走到暖气装置跟前,厉声对老太婆说:

"坐下!"

"谢谢,太太。"老太婆喃喃地说。她迟疑地坐到椅子上,突然低低地弯下了腰,弯得那么低,远远望去,仿佛她的脑袋一直垂到了膝盖。

女画家回到自己的画架跟前。服务员目不转睛地注视着这一幕,但却待在原地未动。

一位面带病色的美妇人牵着一个8岁左右的小男孩走在我的前面。她弯下身对小男孩说了几句话。小男孩跑到女画家跟前,在她背后鞠了一躬,然后鞋跟一碰,大声说道:

"谢谢,太太!"

女画家没有回过头来,只是点了点头。小男孩连忙跑回母亲身边,紧偎着母亲的一只手。他的眼睛闪闪发亮,仿佛完成了一件英雄壮举。显然,的确是这样。他完成了一件小小的壮举,他大概体验到了我们叹着气说"心里一块石头总算落了地"时的那种心情。

我走过这些乞丐身旁,心里寻思道,在人类的这种贫困和痛苦的景象面前,罗浮宫所有的稀世杰作都会黯然失色,人们甚至会对它们怀着某种敌意。

然而,艺术的威力是如此强大,任何东西也无法使它黯然失色。用大理石雕刻的女神们温柔地垂着头,因自己那闪闪发光的裸体和人们赞美的目光而羞涩不安。四周的人用多种语言发出兴高采烈的赞叹声。

杰作! 绘画和雕刻,思想和想像的杰作! 诗歌的杰作! 莱蒙托夫的《遗言》在这些杰作中似乎并不突出,但就其朴实而言,它却是一篇不容置辩的完美的杰作。《遗言》只不过是一个胸膛被打穿的临死的伤兵同自己的一位同乡的谈话:

> 老兄,我很想跟你在一起
> 好好坐一会儿,好好聊一聊:
> 人们说,我在这个世界上
> 再没有多少日子可活了!
> 你很快就可以转回家乡;
> 请看看……但是究竟看什么?
> 说句老实话,没有什么人
> 怎么样关心着我的死活。

接下来的席话严酷得令人满心惊骇,悲伤得令人荡气回肠:

> 我的父亲和母亲,你恐怕
> 已经不能再见到他们了……
> 我承认,我所难过的只是
> 使他们老人家心上烦恼;
> 假如他们有一个还活着,
> 请转告,我也懒得写信了,
> 就说,队伍早已经去出征,
> 就说,请他不必再等我了。

这个远离故乡、奄奄一息的伤兵的简洁的话语赋予《遗言》一种悲剧的力量。"请他不必再等我了",短短的一句话蕴含着巨大的悲痛和对死神的恭顺。在这句话背后,你可以看到遭受无法弥补的丧亲之痛的人们的绝望。我们总觉得亲人是不会死的。他们不会化为乌有,化为尘土,化为模糊惨淡的回忆。

就其悲痛之深刻,精神之壮烈,以及语言的光辉和力量而言,莱蒙托夫的这首诗是一篇不容置辩的最纯粹的杰作。按照我们现在的概念,莱蒙托夫写这首诗时还是个小伙子,甚至几乎是个孩子,和契诃夫创作自己的杰作《草原》和《没意思的故事》时的年岁一样。

河面上空的声音静息了。但我知道,我相信,我还会听到它。它果然没有欺骗我。当头一句突然传来时,我甚至一阵哆嗦:

> 格鲁吉亚的群山夜色苍茫;
> 阿拉瓜河在我面前哗哗流淌,
> 凄凉中我感到快慰:这忧伤多么纯净,
> 它全是为了你啊,我的忧伤……

这些诗句我真愿意听上一百次、一千次。如同《遗言》一样,这首诗也具备杰作的所有特征。首先是那些表达不朽的悲哀的不朽的语句。这些语句使人感到心情分外沉重。

另一位诗人谈到了每部杰作的永恒的新颖性,他说得异常准确。他的诗句是对大海而发的:

> 一切都令人厌烦。
> 只有你叫人百看不厌。
> 岁月流逝,
> 冬去春还,
> 倏忽已过数千年。
> 大海啊,
> 你潜身在滔滔白浪,
> 却乔装
> 万千株刺槐,白花飘香。
> 也许就是你
> 日复一日,把岁月冲个精光。

每一篇杰作都包含着叫人百看不厌的东西——人的精神的完美、人的感情的力量和对我们周围、我们身外和内心世界的一切作出迅速反应的能力。达到更高境界的渴望、达到理想境界的渴望推动着生活向前发展,使一篇篇杰作应运而生。

上面这些话是在一个秋夜里写的。窗外的秋景看不见，因为那儿一片漆黑。但只要走到台阶上，秋意就会立即把你包围起来，而且它那神秘的黑土地略带寒意的清风，它那入夜之后就使水面封冻的第一次薄冰的苦味，就会开始强烈地迎面扑来，那昼夜不停地飘飞的最后一批落叶就会开始絮絮私语。而且透过像波浪一样起伏的夜雾会突然闪现出一点儿星光。

这时你会觉得，这一切就是大自然的一篇杰作，是大自然送给你的一件延年益寿的礼物。它使你想到，周围的生活充满了诗情画意。

作为既热爱自然、热爱生活，又热爱诗、热爱美的艺术家，谁不把自然与生活当做诗与美来观照，又在诗与美中去体察自然与生活呢?本文描绘了秋野的美色，更揭示了诗歌的魅力;陶醉于艺术美的品鉴，又复归为对生活的留恋。

1.你怎样理解"让我们步其真正作者的后尘,也变成和他平等的作者"一句？

2.莱蒙托夫的《遗言》能成为真正的杰作,其中的原因是什么？

3.你能揭示出自然与诗,生活与美之间的联系吗？

没有秋虫的地方

◆叶圣陶

它们高低宏细疾徐作歇，仿佛经过乐师们的精心训练，所以这样地无可批评，踌躇满志。

阶前看不见一茎绿草，窗外望不见一只蝴蝶，谁说是鹁鸽箱里的生活，鹁鸽未必这样枯燥无味呢。秋天来了，记忆就轻轻提示道:"凄凄切切的秋虫又要响起来了。"可是一点儿影响也没有,邻舍儿啼人闹弦歌杂作的深夜,街上轮震石响邪许并起的清晨,无论你靠着枕头听,凭着窗沿听,甚至贴着墙听,总听不到一丝秋虫的声息。并不是被那些欢乐的劳困的宏大的清亮的声音淹没了,以致听不出来,乃是这里根本没有秋虫。啊。不容留秋虫的地方！秋虫所不屑居留的地方！

若是在鄙野的乡间，这时候满耳朵是虫声了。白天与夜间一样安闲；一切人物或动或静，都有自得之趣，嫩暖的阳光和轻淡的云影覆盖在场上，到夜间呢，明耀的星月和轻微的凉风看守着整夜，在这境界这时间里惟一足以感动心情的是秋虫的合奏。它们高低宏细疾徐作歌，仿佛经过乐师们的精心训练，所以这样地无可批评，踌躇满志。其实它们每一个都是神妙的乐师；众妙毕集，各抒灵趣，哪有不成人间绝响的呢。

虽然这些虫声会引起劳人的感叹，秋士的伤怀，独客的微喟，思妇的低泣；但是这正是无上的美的境界，绝好的自然诗篇，不独是旁人最喜欢吟味的，就是当境者也感受一种酸酸麻麻的味道，这种味道在另一方面是非常隽永的。

大概我们所薪求的不在于某种味道，只要时时有点儿味道尝尝，就自诩为生活不空虚了。假若这味道是甜美的，我们固然含着笑来体味它；若是酸苦的，我们也要皱着眉头来辨尝它：这总比淡漠无味胜过百倍。我们以为最难堪而极欲逃避的，惟有这个淡漠无味！

所以心如槁木不如多愁善感，迷蒙的醒不如热烈的梦，一口苦水胜于一盏白汤，一场痛哭胜于哀乐两忘。这里并不是说愉快欢乐是要不得的，清健的醒是不必求的，甜汤是罪恶的，狂笑是魔道的，这里只是说有味道胜于淡漠罢了。

所以虫声是足系恋念的东西。何况劳人秋士独客思妇以外还有无量的人，他们当然也是酷嗜趣味的，当这凉意微逗的时候，谁能不忆起那美妙的秋之音乐？

可是没有，绝对没有！井底似的庭院，铅色的水门汀地，秋虫早已避去惟恐不速了。而我们没有它们的翅膀与大腿，不能飞又不能跳，还是死守在这里。想到"井底"与"铅色"，觉得象征意味丰富极了。

这是一篇充满哲理，寄寓着很深的人生况味的抒情小品。就形式而言，本文的构成很像一篇自问自答的内心独白。文中大量运用排比句式，一面渲染了"我"对于秋虫的急切寻觅与盼望，对于枯燥无味的生活现状的厌弃；一面也加强了行文的速度与气势，增添了诗意。

1.作者用"井底"、"铅色"来形容，象征什么？

2.文章大量运用排比句式，试举一例，并说说排比句式的作用。

秋　天

◆杨　炼

再不必追悔往事,/更无须怨恨自己,/轻轻地
把一枚落叶拾起,/轻轻地,不留下一丝叹息。

轻轻地把一枚落叶拾起,
轻轻地,不留下一丝叹息。
那是只金色的小船,
载满秋天的回忆。
落叶夹进书册,
花朵却遗失在夜里。
一抹淡淡的初霜,
叫心灵懂得了分离。
分离就分离吧,
逝去的就悄悄逝去。
秋天用红硕的语言叮咛:
生命永远有新的含意。
再不必追悔往事,
更无须怨恨自己,
轻轻地把一枚落叶拾起,
轻轻地,不留下一丝叹息。

心灵体验　古往今来,描写秋天的诗难以计数。古人多为悲秋,慨叹人生之无常;今人多为颂秋,常谈及收获和成熟。本诗读来清新飘逸,语气舒缓,具有独到的感悟。

放飞思维

1.第二个"轻轻地"能否去掉?为什么?

2.表明秋天的词语有哪些?

3."分离就分离吧"表明是一种什么心态?

秋天的重量

◆流星子

秋天的长空/洒下金黄的线条/而我却用我的
血/照亮着没有归期的归期

沉沉的双臂
扛起秋天的负荷
你是挑起沉重的哀伤
还是挑着成熟的季节

秋天的长空
洒下金黄的线条
而我却用我的血
照亮着没有归期的归期

一片飞过的云彩
牵动我失落的恋情
深沉的脚步声
是谁在哭泣
我的心
是一片孤独的帆载着
秋天的重量

诗歌一开始从秋天的降临、秋天的收获,就定下沉重与哀伤
的情感基调。"秋天的重量"就是离乡失根的失落感、孤独感,诗中
充满着浓厚的悲剧意识。

1.说说你对每节诗的意义的理解。
2.读完全诗,你以为"秋天的重量"是什么?
3.谈谈这首诗的语言特色。

当风儿悄悄吹过，当雨点静静洒下，当薄雾轻轻浮动，当雪花悠悠飘落……我们是否应敞开心灵，凝神静听。

冬日恋歌

我喜欢春天的江南,江南的春天;
我喜欢微雨的黄昏,黄昏的微雨;
我喜欢微雨中小小的红花纸伞;
我喜欢下雨,因为我喜欢你。
但我更喜欢晶莹的白雪,
愿意做雪下柔软的泥。

跨 过 严 冬

◆孙树华

四月的甘露,终能渗透三月枯竭的根须,漫山遍野总会开出绚烂的花朵,坚冰总会被激烈的河水撕裂。

霜落。朔风乍起,满庭落叶,不时舞,举目远望,树干露出枯瘦的枝头,遍地如彩锦,留在树枝上的几片残叶在朝阳里闪光,那残叶好像春的黄蝶在那里点缀着。在那一天,你遇见了我,那时我最美的青春已悄悄地走开了,带着含羞花朵般的红艳已不再有,眼波也失去了春天的色泽。可你说你喜欢我侃侃而谈的自信,因为那是一个人最纯洁的品格。迷恋我独行时眼睛里飘出的忧郁,你说,这忧郁是一种痛,但所牵动的却是世上最细腻的情怀,最温柔的爱意。他犹如一枚青橄榄,苦涩之后,便是悠长而醇厚的甜蜜。

一位哲人曾经说过:生命的过程是一个痛苦而短暂的时间过程,悲壮总多于欢乐。曾经,我想为你找回溪水的纯净,找回生命田野中开放着的真诚和善良的花朵,浓浓的淳朴的情感和值得回味的与留恋的东西,与你共享美丽的时光。不是贪恋汁液的滋味,只需那永世销魂的情趣。

我不愿翻开一章章人生之页,让你感觉我满心的沧桑,我不忍展开脆弱的情网,让你的灵魂为我流血,更不忍离你而去让两颗心在同一世上痛苦。

孩提时代,我最喜欢家乡夏日的黄昏,在这时候,太阳在薄薄的云层里渐渐地下落,它把柔和的余晖轻轻地洒在大地上。它不断地洒着,给美丽多情的姑娘和大地上的万物着色,使世上的一切每一分钟每一秒钟都发生着色彩的变化。尽管我知道,这一份美丽多彩的变化,伴随着天空中漂浮着的柔和的透明的清亮的潮乎乎的空气而散去,留给我一个漫长无尽的孤夜。

如果时光可以倒流,我会与你塑造一个美好的花季,我们在春光里与报春燕子共同呢喃繁衍,与新生的绿草,树木的嫩芽,蒲公英的小黄花去绵绵情话。

在夏日多风的黄昏,共立阳台上去欣赏西山落日的余晖。

在秋风里到山坡和水边去采摘那感人的果实。

四月的甘露,终能渗透三月枯竭的根须,漫山遍野总会开出绚烂的花朵,坚冰总会被激烈的河水撕裂。让我们度过严冬,应记得昨日星光灿烂,是缘分让我们在茫茫宇宙中相遇。只要我们活着,希望就会永存。

生命的季节中总有严冬，但只要我们度过严冬，就会希望永存。

1. 作者是如何描绘严冬景致的？
2. 读完这篇散文，你对人生有何感想？

南 国 的 雪

◆谢志舟

她的脸闪闪烁烁，藏在松针与竹丛中，仿佛多情的少女，将粉绿的绸帕，遮饰她的娇媚。

南国的雪，是一种奢侈。

多得使你感到厌烦，多得满世界没有余地，连一点儿动静都没有，连一瓣脚印都不生，那是北国的雪。那实在太苍白，太平静，像久囿于高墙的修女，品不出现实的人生。我以为那毕竟太精神了：只有一种颜色，只有一种气味，也只有一种温度，并且只有一种向往……万物归一，无尘无染，成为"永恒"，是的，固然是永恒，然而是零——零的永恒，永恒的零。

我非常喜欢雪，但那是南国的雪。南国是永远的少女，她的热情、开朗、奔放；她的温柔、羞赧、明媚——是诗韵是酒神，勾魂迷心，然而也有点儿不足：短暂的冬季，总盼望一场雪。因为太金贵，太不易得，因此就想得真切；想得真切，又总不遂愿，心里总惶惶的，怅怅的，期待一次奇迹。乃至乞求这太过热情的少女，会换一副面孔，会忧郁几天，会有所失落，生些怅惘，洒一把清泪？更让人怜，让人爱，让人醒悟，愧怍，作一次忏悔，作一点儿反思；学点儿坚忍，学点儿深沉，练就成熟。

南国的雪，每年访问人间，一季至多两次，时间很短，一天两天便化。在她飘落的第一个瞬间，人们飞舞着和着雪花飘动。热血也激烈地奔突，把孩子的、少女的脸撞得通红，正如一朵朵火球，在绒的白雪花中，燃烧，发光，发热，使这茫然舞动的世界，凝聚成诗的交响——"雪是春的笑靥，冬日里，有多少玉树琼花，就会有多少人心雀跃"。

南国的雪，薄薄的一层，覆盖在地上。看起来有许多羞怯。她的脸闪闪烁烁，藏在松针与竹丛中,仿佛多情的少女,将粉绿的绸帕,遮饰她的娇媚。人们便倍加珍爱,倍加欣赏。在她的纯洁面前,生出一片美好幽净的情思,忘却了愁惨寒冷的天空,摒弃了人喧尘嚣的凡世,沉入一种虚虚渺渺、简淡幽远中,体验生命的神秘,体验生命内宇宙的宏茫深邃:"俯仰自得,游心太玄。"于有限中获得了无限,于瞬息间把握了恒远。正如诗人勃莱克所体悟的:

> 一粒沙里看出一个世界
> 一朵野花里一座天堂
> 把无限放在你的手上
> 永恒在一刹那里收藏

雪,晶莹、透亮。南国雪更是美丽动人。本文作者用他那轻盈的笔抒写出南国的雪的可爱。

1.作者为什么说喜欢南国的雪?
2.你如何理解文中结尾的小诗?

冬 日 抒 情

◆郁 风

冬天的水仙也是很美的,然而它的性格和象牙红恰好相反,它必须在温室中,必须不多不少的水分和阳光,才能保持冰肌雪骨,像凌波仙子那样亭亭玉立。

冬天是透明的。

透过稀疏的树枝可以看到湖上的冰雪,看到远山和村庄,看到像蚂蚁那么小的一串行人。冬天就像它结成的冰那样透明。像 X 射线可以透视人体的骨骼,冬天可以使人透视宇宙的心脏。

冬天使人清醒。

一个朋友告诉我一个海外游子的故事，他是个音乐家，多年前由于不得已的原因，去了新加坡，后来担任了一个乐队的第一提琴手，并把家属接了去。以后他每年冬天都要独自回国一次，他说就是为了要呼吸一下祖国的冬天的凉气，那使他浑身舒适、头脑清醒的凉气。

因此我也想到南国的冬天，去年此时我正在广州，在那满是绿叶覆盖的丛林中，我发现有一种无叶的树，枯枝上面开出火红的花，而那花朵是由一串像尖尖的红辣椒似的花瓣组成的。我惊喜地向本地人打听，原来它叫象牙红，只有在春节前后才有红花，过了严冬就长满树叶了。过去在诗画中都未见过象牙红，最近出版的诗集《龙胆紫集》，是李锐同志在"四人帮"迫害下蹲监狱时用龙胆紫药水写下的，赵朴初同志读后赠作者一首词中，有一联对仗非常工整的句子：

血凝龙胆紫
花发象牙红

巧妙还不在于对仗工整，如果你能看到那高大的扭曲伸展的枯枝上开出火红花朵(其实不是花朵，可能是果实)的象牙红树的形象，你就更能体会"花发"与"血凝"的对立和联系了。

冬天的水仙也是很美的，然而它的性格和象牙红恰好相反，它必须在温室中，必须不多不少的水分和阳光，才能保持冰肌雪骨，像凌波仙子那样亭亭玉立。在很短的生命中，一旦失去照顾便萎谢了。

水仙开过，冬天就快要过去了。湖边的冰开始解冻了，老于经验的人却知道湖中心的冰有两尺多厚，一时化不了。可岸边已闪亮着水光，看不清哪里是结实的冰，哪里是薄冰上飘着水，要走到湖中心，必须先从岸边走起。孩子们被吸引着比赛试履薄冰的胆量，冰上发出"咔兹咔兹"的响声，一个、两个、三个……走过去了，发出胜利的欢笑。

"冬天来了，春天还会远吗？"这句名诗几十年来不断被人引用，无非是象征着希望。然而，自然的规律，时间的循序是必然的，人间的规律虽也有必然性，却可迟可早。在这透明的冬天里，人们可以用清醒的头脑，认清脚下的路，但还得一步一步地走，躺着不动或再走弯路，都会推迟希望的实现。

心灵体验　　很多人不喜欢冬天，因为它意味着了无生趣。但是，本文作者却对冬天有独特感受，并用文字抒发了对冬日的赞美之情。

作者看来，"冬天是透明的"，少了繁花茂叶的掩饰、遮挡，许多东西的真实面目就显露出来，于是，人们可以"透视宇宙的心脏"，看清事物的本质；冬天又是"使人清醒"的。它的凉气，可以涤荡人们头脑的劳累、混沌，洗去喧哗、不快，留下清醒、舒适。

心灵体验

1.作者写冬天的象牙红，赞美了它的什么品质？

2.说说文章结尾"在这透明的冬天里，人们可以用清醒的头脑，认清脚下的路……都会推迟希望的实现"的重要作用。

冬　阳

◆ 小 思

> 直到那天，就是那晴朗无风的上午，我和衣躺在静悄悄的沙滩上，竟然悠悠入梦了，才真正知道：冬阳是这个样子的可爱。

我常常说：冬天的太阳很可爱。

可是，怎样子的可爱，我是不知道的。

直到那天，就是那晴朗无风的上午，我和衣躺在静悄悄的沙滩上，竟然悠悠入梦了，才真正知道：冬阳是这个样子的可爱。

不是假期，这个离岛海滩在冬日里显得有点儿荒凉。帐篷全收起来了，小食店也关上门，空啤酒瓶子一箱箱堆在门外，偶然有一两只瘦狗，无聊地来回踱步。

渡轮带来一批旅游者，但他们目的地不是海滩，匆匆路过，歌声笑语根本与这海滩毫不相干。

站在沙滩上，看着海，什么也没想。海浪声那么柔弱，不细心倾听，就会疏忽了。沙面伏着许多小小的白贝壳，我蹲下来，一个个翻出来，看看又放下。接触了沙，我忍不住抓一把在手掌里，让沙成线自指缝滑下，又再抓一把，又是一线的滑下，沙漏计就是这个样子？计时？看海看阳光的日子，不要计时。我索性更懒一点儿，躺下来，枕在背囊上。这是有生以来，第一次睡在沙滩上。

十度的气温，沙竟然泛着微暖，我用手拨弄一下，就让沙适合了体型，舒服躺在上面。

阳光,这时候我才发现阳光可以这样的和暖,是极度的和暖,像一床轻柔丝绵被,毫无重量却又稳稳的盖住全身。不是火炉的热烘烘,不是中央空气调节系统造出来的扑面压人暖气,而是浑厚的和平的包容,冬日的阳光,竟然……还没有想出适当的形容字眼,我竟然悠悠睡去了。

不知道什么时候,我又悠悠醒过来。

海滩上仍然静悄悄,只是远方多了一对情侣依偎坐着。

冬天的太阳就是这样子可爱。

这篇《冬阳》写得十分可爱,富有生活情趣。虽然它描写的是一件再平常不过的生活小事:在充满冬日阳光的沙滩上"悠悠入梦"。

此篇散文语言平淡随和,没有热烈的赞美,没有华丽的夸饰。舒缓的讲述中,蕴含着轻柔的温情。读来让人觉得真实亲切,似乎感受到了冬阳的煦暖、包容,感受到了那种平淡恬静及与大自然无间的亲密、和谐。

1.文章第二自然段在结构上有什么重要作用?

2.文章的主体描绘了一幅什么图景?试作具体说明。

冬日香山

◆梁衡

苍松之外,还有一些新松,栽在路旁,冒出油绿的针叶,好像全然不知外面的季节。与松做伴的还有柏树与翠竹。

要不是有公务,谁在这天寒地冻的时节来香山呢?可话又说回来,要不是恰在这时来,香山性格的那一面,我又哪能知道呢?

开三天会,就住在公园内的别墅里。偌大个公园为我们独享,也是一种满足。早晨一爬起来我便去逛山。这里我春天时来过,是花的世界;夏天时来过,是浓荫的世界;秋天来过是红叶的世界。而这三季都游客满山——是人的世界。形形色色的服装,南腔北调的话音,随处抛洒的果皮罐头盒,手提录音机里的迪斯科音乐,这一切将山路林间都塞满了。现在可好,无花,无叶,无红,无绿,更没有多少人,好一座空落落的香山,好一个清静的世界。

过去来时,路边是夹道的丁香,厚绿的圆形叶片,白的或紫色的小花;现在只剩下灰褐色的劲枝,枝头挑着些已弹去种子的空壳。过去来时,山坡上是些层层片片的灌木,扑闪着自己霜红的叶片,如一团团的火苗,在秋风中翻腾;现在远望灰蒙蒙的一片,其身其形和石和土几融在一起,很难觅到它的音容。过去来时,林间树下是丰厚的绿草,茸茸地由山脚铺到山顶;现在它们或枯萎在石缝间,或被风扫卷着聚缠在树根下。如果说秋是水落石出,冬则是草木去而山石显了。在山下一望山顶的鬼见愁,黑森森的石崖,蜿蜒的石路,历历在目。连路边的巨石也都像是突然奔来眼前,过去从未相见似的。可以想见,当秋气初收,冬雪欲降之时,这山感到三季的重负将去,便迎着寒风将阔肩一抖,抖掉那些攀附在身的柔枝软叶;又将山门一闭,推出那些没完没了的闲客;然后正襟危坐,巍巍然俯视大千,静静地享受安宁。我现在就正步入这个虚静世界。苏轼在夜深人静时去游承天寺,感觉到寺之明静如处积水之中,我今于冬日游香山,神清气朗如在真空。

与春夏相比,这山上不变的是松柏。一出别墅的后门就有十几株两抱之粗的苍松直通天穹。树干粗粗壮壮,溜光挺直,直到树梢尽头才伸出几根遒劲的枝,枝上挂着束束松针,该怎样绿还是怎样的绿。树皮在寒风中成紫红色,像壮汉的脸。这时太阳从东方冉冉升起,走到松枝间却寂然不动了。我徘徊于树下又斜倚在石上,看着这红日绿松,心中澄静安闲如在涅槃。觉得胸若虚谷,头悬明镜,人山一体。此时我只感到山的巍峨与松的伟岸,冬日香山就只剩下这两样东西了。苍松之外,还有一些新松,栽在路旁,冒出油绿的针叶,好像全然不知外面的季节。与松做伴的还有柏树与翠竹。柏树或矗立路旁,或伸出于石岩,森森然,与松呼应。翠竹则在房檐下山脚旁,挺着秀气的枝,伸出绿绿的叶,远远地做一些铺垫。你看它们身下那些形容萎缩的衰草败枝,你看他们头上的红日蓝天,你看那被山风打扫得干干净净的石板路,你就会明白松树的骄傲。它不因风寒而筒袖缩脖,不因人少而自卑自惭。我奇怪人们的好奇心那么强,可怎么没有想到在秋敛冬凝之后再来香山看看松柏的形象。

当我登上山顶时回望远处烟霭茫茫,亭台隐隐,脚下山石奔突,松柏连理,无花无草,一色灰褐。好一幅天然焦墨山水图。焦墨笔法者舍色而用墨,不要掩饰只留本质。你看这山,他借着季节相助舍掉了丁香的香味,芳草的情影,枫树的火红,还有游客的捧场。只留下这长青的松柏来做自己的山魂。山路寂寂,阒然无人,我边走边想比较着几次来香山的收获。春天来时我看她的妩媚,夏天来时我看她的丰腴,秋天来时我看她的绰约,冬天来时却有幸窥见她的骨气。她在回顾与思考之后,毅然收起了那些过眼繁花,只留下这铮铮硬骨与浩浩正气。靠着这骨之气,她会争得来年更好的花,更好的叶,和永远的香气。

香山,这个神清气朗的冬日。

提到香山,很多人都会联想到漫山遍野燃烧的红叶,或是花团锦簇、浓荫蔽日,并为其热烈、妩媚或清凉赞不绝口,而很少人有关于冬日香山的印象。阅读此文,跟随作者的生花妙笔,我们可以领略到香山的另一番风采。

1.作者采用对比映衬的手法,把冬日的香山与其他三个季节时的香山比较,说说作者是如何具体进行比较的。

2.作者写山上的松柏,赞扬了松柏的什么品质?

3.文章常用拟人手法来写香山,试举一例作说明。

冰　灯

◆迟子建

冰雕里装饰着五颜六色的彩灯,一到夜晚,那些灯亮起来,那冰因此而变成了嫣红、杏黄、天蓝、浓翠、浅粉和深紫。

冰是寒冷的产物,是柔软的水为了展示自己透明心扉和细腻肌肤的一场壮丽的死亡。水死了,它诞生为冰,覆盖着北方苍茫的原野和河流。

我出生在漠河,那里每年有多半的时间被冰雪笼罩着,零下三四十度的气温是司空见惯的。我外婆家的木刻楞房子就在黑龙江畔,才入九月,风便把树梢经霜后变得五颜六色的树叶给吹得四处飘扬,漫山漫坡落叶堆积,斑斓奇丽。然而这金黄深红的颜色没有灿烂多久,雪便从天而降,这时节林中江面都是一片白茫茫的。奔腾喧嚣的黑龙江似乎流得疲惫了,它的身上凝结了厚厚的冰层,只有极深处的水在河床里潜流着。那时候冰上就可以打爬犁，用鞭子抽陀螺玩，当然还可以跑汽车。水在变成冰后异常坚硬，它的负载能力极其惊人。这时节我们还用冰钎凿开冰层捕鱼，将银白的网撒向鱼儿穿梭的底层的水域。撞网的鱼总是络绎不绝。

在水源枯竭的漫漫寒冬，人们曾凿冰放到缸里融化，使之成为饮用水。而将冰做成一盏盏灯，不知是谁最先发明的。总之人在利用冰满足了物质需求之后，理所当然便有了审美的要求。我最初见到冰灯是在童年记事的时候，当然是过年的时候了。人们用韦得罗(俄语音译，意谓小水桶，一种底小肚大、横面切断呈梯形的盛水用具)装满清水，然后放到屋外的寒风中让它冻成冰，未等它全部冻实，便将其提回屋里，放到火炉上轻轻一烤，冰便不再粘连桶壁，再从正中央凿一小小的圆洞，未成冰的水在桶倾斜时汩汩而出，剩下一具腹中空空、四面冰壁环绕的躯壳，那便是冰灯了。除夕，家家户户门口的左右两侧都摆着冰灯，它们体体面面地坐在木墩上，中央插着蜡烛，漆黑的夜里，它们通身洋溢着无与伦比的宁静和光明，那是每家每户渴望春天的最明亮的眼睛了。

北方的百姓如今过年仍然沿袭着这一古老的习俗，在吃热气腾腾的团圆饺子时，屋外干冷的空气中绽放着睡莲般安详的冰灯，它的美丽和光明曾温暖了我寂寞的童年时光。

离开大兴安岭后，我来到了哈尔滨。一到冬天，这座有典型俄罗斯情调的城市便开始筹备一年一度的冰灯游园会了。人们在冰封的松花江上切割下一块块巨大的冰，然后用吊车弄到岸上，再由卡车运至兆麟公园，接下来便是来自世界各地的冰雕艺术家施展才华绝技的时候了。他们在园子里竖起了一道道晶莹剔透的冰墙，然后在各个角落雕出了狮子、老虎、雄鹰、孙悟空西天取经、天使、长城、荷花、宫殿等等千姿百态、栩栩如生的冰雕作品。冰雕里装饰着五颜六色的彩灯，一到夜晚，那些灯亮起来，那冰因此而变成了嫣红、杏黄、天蓝、浓翠、浅粉和深紫。来自各地的观光游客就纷纷涌向那里。

我也去看了冰灯。公园里人潮涌动，照相机的闪光灯闪烁不休，千姿百态的冰雕作品妖娆地出现在我眼前。我走上一条长长的冰墙筑成的走廊，我摘下手套，用温暖的手去抚摸冰墙，寒冷透过肌肤浸润着我的整个身心。我的心竟悚然为之一抖。我抚摸的是松花江的冰，这玲珑剔透的冰是松花江水失去呼喊后沉默的结晶。这是沦陷时那曾经被鲜血浸染的松花江的水吗?这是遭受现代工业文明污染后的松花江的水吗? 这是那负载过无数苦难的岁月之舟的松花江的水吗?它是如此冰冷、凛冽而断肢解体地把那晶莹和单纯展现给观众，它那么虚荣地把河床底层淤积的泥沙和碎屑给摈弃了。它的红色是彩灯装点的结果，而不是沦陷时人民惨遭日军屠戮陈尸松花江的那种血腥之色了；它的黄色也是彩灯装点的结果，而不是连年来遭受严重污染、水患纵横的松花江浊黄的水流了。如果说松花江是多么慷慨大度地把轻盈和美浮托给了世人，莫如说松花江是多么脆弱和公正：它的脆弱在于它无法拒绝世人慕美的心态；它的公正在于它只展现瞬间的美，当春风拂动大地的时候，再美的冰雕也会化成空气和水，消失在广阔的土地和茫茫的宇宙之中。

在远离人烟的地方，人们点起冰灯是为了驱散沉重的黑暗；而在人烟稠密被灯火笼罩着的城市，人们之所以不让冰灯呈现本色、而装饰起各种彩灯，是因为城市已经没有真正的黑夜可言，人们只能把美寄托给多彩的光焰。而绚丽的色彩永远抵不上一种本色更为经久不衰。

从冰灯乐园出来，我的心中矗立的仍然是二十几年前漠北家门口的那两盏冰灯：它那寂静单纯的美对我的诱惑和滋养是永恒的。

许多人对生于斯长于斯的故乡的眷恋，常常维系于某种具体的事物，或是一草一木，或是一人一事。本文作者即是这样，她把自己对故乡的情感，凝聚于漠北家门口的"冰灯"。

1. 冰灯具有什么样的象征意义？
2. 作者是怎样详细介绍制作冰灯的方法和过程的？
3. 说说"它那寂静单纯的美对我的诱惑和滋养是永恒的"这段话的深意。

冬天的梦呓

◆ 何锦玲

我是不在乎时光流逝，年华远走，有阳光，有你的关怀，冬天也会是美好的"春天"！

季节已经入冬了，天气还像夏日那样开朗，阳光洒落，把阳台上绿色的盆栽照得更有精神。昨天，一位小朋友来访，他说这是郊游的天气，走入深山，采花和果实，不是挺有意思的吗？

我不知道我们是不是真的已经"老了",还是如同你所说的是"心老"。一个人要想在漫长的人生当中,持续了20岁的青春活力,实在并不容易啊。有太多的欲望、烦恼杂事和突来的惊悸,使你不得不做某一种程度的屈服。说是"心老"也好,说是一种自我麻醉也好,愈是嘀咕现实生活,现实生活愈和你作对,你不得不苍老!

在这个有阳光的冬天里,不知道你心中渴望些什么。我面对着灿烂的阳光,竟然出奇地满足。好像没有大风大雨就是一种幸福。有一种信念,知道你所钟情的人也是无时无刻不惦念着你,就如沐春风。不管年华如何老去,不管今年的冬天为什么迟来。

年纪愈大的好处是使我们有着更容易满足的心情。视天下的事为理所当然,视一切苦难是冥冥中的安排,视不如意的遭遇是顺利的前兆,这样的成熟使生活稍具美好的景象,也使日子过得顺畅一点。

晨起,摊开报纸,读到一位30多岁男子病故的消息,心里为他深深惋惜;这位男子,我与他有数面之缘,每次都看他笑嘻嘻的,轻轻松松地面对人生,他的离去,使我想起命运的乖戾,在冬日美好的早晨,引起我深深的叹息。

不知道此刻你在做什么,你也在面对着阳光发呆吗?还是思虑着苦恼的问题?如此日复一日的平凡生活,要是没有一些惊喜、一些变化、一些奇遇的话,确实要让人发闷。我突然想到寄一张小小卡片给你,或者拨一通电话给你。

我也心想,也许电话铃声马上响起,也许有一束玫瑰会送到我的大门。

我是不在乎时光流逝,年华远走,有阳光,有你的关怀,冬天也会是美好的"春天"!

香港地处亚热带,冬季并不像女作家迟子建的故乡漠河那样,常常"被冰雪笼罩着,零下三四十度的气温是司空见惯的"。香港充满灿烂阳光的冬天,"天气还像夏日那样开朗"。就在明媚如沐春风的冬天里,香港女作家何锦玲触景生情,思绪起伏。从人生易老、知足常乐,到命运乖戾、珍惜生活,作者领悟到生命的真谛。

1.文中是如何描绘冬季景色的?

2.作者所领悟的生命的真谛是什么?

雪 之 梦

◆毛志成

> 灰蒙蒙的天懒懒散散地洒下几粒近乎尘埃、近乎细沙般的东西，扭扭捏捏地登上楼顶，娇娇滴滴地落在路面，似乎对路旁的枯树、两侧的民宅不屑一顾。

自从人世间的冬装在质地、色彩上发生了醒目的变革之后，我就格外盼雪，盼那纷纷扬扬、弥天漫地的飘雪，盼那厚厚实实、清清白白的积雪，盼那花花点点、扑朔迷离的残雪。假如把多色彩的冬景看成一幅圣洁的绘画，若是背景上缺了雪，即使被绚丽冬装打扮起来的人们已经美到了天使地步，这幅画也会显得没有神韵，缺乏质感，甚而会使画面上的人物受到株连，显得凡俗、轻佻、浅薄，总之有那么一点儿小家子气。

中国缺雪已有经年，北京尤甚，好像那雪只飘落在人们的回忆中，消融在人们的遐想里。

下雪了！窗幔上的微光告诉了我，街上的喊声告诉了我，孩子们跳下床、冲出门的脚步声告诉了我。

我那颗一下子复活了稚气、复活了回忆的心，似乎顿时浸润在琼花中，净化在玉屑中。

冲出房门，冲上街头，我不禁索然了。

这算得上雪么？灰蒙蒙的天懒懒散散地洒下几粒近乎尘埃、近乎细沙般的东西，扭扭捏捏地登上楼顶，娇娇滴滴地落在路面，似乎对路旁的枯树、两侧的民宅不屑一顾。它们写在路面上的，也只是一首闪烁其词的晦涩诗，貌似博大而实际浅薄。它们赶不上步履匆匆的行人脚步，更挂不上他们的头顶，染不上他们的眉梢，只在那涂着脂粉的脸上骚动了几下，在那施过铅黛的瘦眉上悬了几星儿。

这哪里是我梦中的雪！

我梦中的雪，纷纷扬扬，铺天盖地，创造着地球上最伟大的宏观美。漫宇琼瑶，满天寒凛，以世上第一流的平等气度博施于山，普赠与涧，广铺于野，慨惠于林。泼辣辣地洒下来，登华厦，覆寒宅，染眉头，醉心头。不弃枯木朽株，不漏病妪衰叟。不能把寒门少女的俭朴衣装染艳，但能把她们的双颊染红。

而眼前的雪，是奢华而悭吝的雪，是徒有虚名的雪。淡淡的、薄薄的，灰灰的，远看有色而近观无形,经不住行人的步履,徒在万千足迹后面遗下了泥泞。好奇的中学生为了验证书上的话"雪花都是六角形的",伸出他们的手承接良久,手心里也只是积存了几滴冷露。"六月琼花滚似锦",这是关汉卿剧本中的话,多么有才气。历经苦难的窦娥姑娘哭出了这样一场六月雪,那哭真是当得起天下第一哭。若是换了另外的情浮意淡者,哪怕她是女诗人,造物主至多也只能无可奈何地丢下几粒廉价品——如眼前的雪——而已。

雪停了,几乎用不着太阳的帮忙,只需几缕小风,楼顶、屋顶、街头、枝头上的薄粉顿消,路面上那一层薄薄的浊水化而为冰,像是推出了一张古板的脸。

这哪里是我记忆中的雪后!

我记忆中的雪后,是壮丽冬景的最佳镜头,是一幅圣洁绘画的定稿。纯洁、晶莹、清寒的美学三元素在大地上铺下了旷远的情怀,铺下了博大胸襟,铺下了冷凝的火焰。步履声声,韵律浑朴,深深浅浅的足迹伸向高山,伸向田野,伸向一切历史车轮在转动的地方。情侣们在没膝的雪中站立,交流着心中的火,他们口中的哈气汇在一起,被太阳照出了七色光谱。酒店的地面被一双双跋涉者的鞋子带进了泥水,但酒是热的,脸是热的,心是热的。

即使春天的帷幕已经拉开,造物主已经着手打扫冬景的遗迹,舞台上出现的也不是一片空白,而是人们那即将储存在心中的深情回忆。旷野中的雪已经花花点点、斑驳陆离了,但松枝上还有,远山上还有,大道的车迹里还有。远山大道上有雪迹,人的胸襟就会扩展;翠柏苍松上有雪迹,人的情思就会延伸。

梦中的雪,我多么愿意它变成雪中的梦。

请造物主飘落一场真正有气魄的雪吧,借以成为我展开新梦的襁褓……

本文作者用他那细腻的笔触勾勒出一幅冬雪之美景,美丽的文字,有一种沁人心脾的感觉。作者把眼前的雪与梦中的雪交融一起,由景生情,情以景生,互为映衬,互为对照,品读其文,甘之若饴,似饮醇酒,如听仙乐。

1. 作者是如何描绘眼前的雪景的?

2. 作者梦中的雪是什么样的?

3. 读完全文,你能体味出文章的深意吗?

感 悟 冬 天

◆魏朝卿

　　冬没有百花争艳的烂漫，也没有莺歌燕舞的
活泼，面对冬，需要的是勇往直前不懈搏击！

　　冬是穿着素服的白衣天使，它优雅恬静，让你感悟到它圣洁又亲切。

　　初冬，绿树慢慢变成灰褐色，风也变得尖啸而寒冷刺骨，花谢果落了，只有菊花还在寒风中摇曳。沿路的树叶变得枯黄而纷纷落地，冬天便这样来了，而且愈来愈寒冷。

　　一棵棵光秃秃的树枝，在寒风中吹着口哨，周围是一片寒冷，一片静寂，你是否感悟到在那枯叶覆盖的大地之下又蕴藏着深厚的新的生命？树枝虽是光秃秃的，但树的根却深深地扎在土层中，汲取养料，在静寂中积蓄力量，一旦春天到来，这种新的生命力便勃发出来——先是那临岩怒放的迎春花，再是那如火似霞的桃花，然后是如燎原之火的百花次第开放。

　　当冰雪覆盖着大地，冬以坚冰窒息的小泉、小溪，一任飞雪铺天盖地时，大地茫茫，举目皆白。这时，别以为周围只有单调的苍白和乏味的冷寂，也不要以为万物一切都回归了自然，它们之中，还有不畏严寒的傲霜斗雪的英勇之士，梅花就是"香自苦寒来"的。为此，谁又能否认冬同样是生命旺盛的竞技场？从这里，可以丈量一个不息生命的厚度，可以洞烛一切灵物的纯度。透过冬的冰层，可以发现冬的天地最明亮。冬是幽静安宁的季节，但不是安眠，而是一种积蓄酝酿。这时，我想起古人说的一句话："夏天可畏，冬天可爱。"

　　冬，它浓缩了一春一夏的欢乐与热情，抒写着一串串秋的盈盈豪情，它用你对大自然殷切的期待而凝结成亮丽剔透的六角形诗帆，洒向空旷的大地，预示着来年的喜讯。

　　冬，深藏着春夏秋的真情实意，用多彩的笔勾勒出写意的横竖撇捺点，展示出冬的意蕴。你若嫌其苍白单调，那就得用心去感悟它。走进冬的怀抱，需要有与寒风暴雪搏击的勇气和信心，需要能忍受冬的冷酷。冬没有百花争艳的烂漫，也没有莺歌燕舞的活泼，面对冬，需要的是勇往直前不懈搏击！

　　我的视线注意着冬的脚步，看它怎样一步步跨过寒冬走向春。我很赞赏莎士比亚"巢燕未敢来，水仙已先至"的名言。虽手脚冻得难受，但这却是走向温暖之春的必由之路，正如美国诗人斯文本恩所说"春光追蹑残冬笑"。冬的这一"笑"，把我诱入悠适的宁静。我趁冬还在身边,好好体味一下冬的深沉,冬的宁静,冬的圣洁,冬的神韵。

心灵体验　四季之美,美在各有变化。人生之美,美在有酸甜苦辣。假如没有了秋天,天气会多么单调。假如只剩下了甜蜜,人生将多么乏味。明白了这个道理,我们眼前的世界就会变得美丽,我们的生活就会变得幸福起来。

放飞思维　1.作者是如何描绘冬之美的?

2.面对冬天,作者感悟到了什么,你用心去感悟过冬天吗?有什么收获?

江南的冬景

◆郁达夫

江南河港交流,且又地滨大海,湖沼特多,故空气里多含水分;到得冬天,不时也会下着微雨,而这微雨寒村里的冬霖景象,又是一种说不出的悠闲境界。

凡在北国过过冬天的人,总都尝过围炉煮茗,或吃煊羊肉,剥花生米,饮白干的滋味。而有地炉、暖炕等设备的人家,不管它门外面是雪深几尺,或风大若雷,而躲在屋里过活的两三个月的生活,却是一年之中最有劲的一段蛰居异境;老年人不必说,就是顶喜欢活动的小孩子们,总也是个个在怀恋的,因为当这中间,有萝卜、鸭儿梨等水果的闲食,还有大年夜、正月初一元宵等热闹的节期。

但在江南,可又不同;冬至过后,大江以南的树叶,也不至于脱尽。

寒风——西北风、间或吹来,至多也不过冷了一日两日。到得灰云扫尽,落叶满街,晨霜白得像黑女脸上的脂粉似的,清早,太阳一上屋檐,鸟雀便又在吱叫,泥地里便又放出水蒸气来,老翁小孩就又可以上门前的隙地里去坐着曝背谈天,营屋外的生涯了;这一种江南的冬景,岂不也可爱得很么!

　　我生长江南,儿时所受的江南冬日的印象,铭刻特深;虽则渐入中年,又爱上了晚秋,以为秋天正是读读书、写写字的人的最惠节季,但对于江南的冬景,总觉得是可以抵得过北方夏夜的一种特殊情调,说得摩登些,便是一种明朗的情调。

　　我也曾到过闽粤,在那里过冬天,和暖原极和暖,有时候到了阴历的年边,说不定还不得不拿出纱衫来着;走过野人的篱落,更还看得见许多杂七杂八的秋花!一番阵雨雷鸣过后,凉冷一点儿,至多也只好换上一件夹衣,在闽粤之间,皮袍棉袄是绝对用不着的;这一种极南的气候异状,并不是我所说的江南的冬景,只能叫它作南国的长春,是春或秋的延长。

　　江南的地质丰腴而润泽,所以含得住热气,养得住植物;因而长江一带,芦花可以到冬至而不败,红叶也有时候会保持得三个月以上的生命。像钱塘江两岸的乌桕树,则红叶落后,还有雪白的桕子着在枝头,一点一丛,用照相机照将出来,可以乱梅花之真。草色顶多成了赭色,根边总带点绿意,非但野火烧不尽,就是寒风也吹不倒的。若遇到风和日暖的午后,你一个人肯上冬郊去走走,则青天碧落之下,你不但感不到岁时的肃杀,并且还可以饱觉着一种莫名其妙的含蓄在那里的生气;“若是冬天来了,春天也总马上会来”的诗人的名句,只有在江南的山野里,最容易体会得出。

　　说起了寒郊的散步,实在是江南的冬日,所给予江南居住者的一种特异的恩惠;在北方的冰天雪地里生长的人,是终他的一生,也决不会有享受这一种清福的机会的。我不知道德国的冬天,比起我们江浙来如何,但从许多作家的喜欢以Spaziergang一字来做他们的创造题目的一点看来,大约是德国南部地方,四季的变迁,总也和我们的江南差仿不多。譬如说19世纪的那位乡土诗人洛在格(Peter Rosegger1843~1918)罢,他用这一个“散步”做题目的文章尤其写得多,而所写的情形,却又是大半可以拿到中国江浙的山区地方来适用的。

　　江南河港交流,且又地滨大海,湖沼特多,故空气里多含水分;到得冬天,不时也会下着微雨,而这微雨寒村里的冬霖景象,又是一种说不出的悠闲境界。你试想想,秋收过后,河流边三五家人家会聚在一道的一个小村子里,门对长桥,窗临远阜,这中间又多是树枝槎桠的杂木树林;在这一幅冬日农村的图上,再撒上一层细得同粉也似的白雨,加上一层淡得几不成墨的背景,你说还够不够悠闲?若再要点景致进去,则门前可以泊一只乌篷小船,茅屋里可以添几个喧哗的酒客,天垂暮了,还可以加一味红黄,在茅屋窗中画上一圈暗示着灯光的月晕。人到了这一个境界,自然会胸襟洒脱起来,终至于得失俱亡,死生不问了;我们总该还记得唐朝那位诗人做的“暮雨潇潇江上村”的一首绝句罢?诗人到此,连对绿林豪客都客气起来了,这不是江南冬景的迷人又是什么?

　　一提到雨,也就必然地要想到雪:"晚来天欲雪,能饮一杯无?"自然是江南日暮的雪景。"寒沙梅影路,微雪酒香村",则雪月梅的冬宵三友,会合在一道,在调戏酒姑娘了。"柴门闻犬吠,风雪夜归人",是江南雪夜,更深人静后的景况,"前树深雪里,昨夜一枝开"又到了第二天的早晨,和狗一样喜欢弄雪的村童来报告村景了。诗人的诗句,也许不尽是在江南所写,而做这几句诗的诗人,也许不尽是江南人,但假了这几句诗来描写江南的雪景,岂不直截了当,比我这一枝愚劣的笔所写的散文更美丽得多?

　　有几年,在江南,也许会没有雨没有雪的过一个冬,到了春间阴历的正月底或二月初再冷一冷下一点儿春雪的;去年(1934)的冬天是如此,今年的冬天恐怕也不得不然,以节气推算起来,大约大冷的日子,将在 1936 年的二月尽头,最多也总不过是七八天的样子。像这样的冬天,乡下人叫作旱冬,对于麦的收成或者好些,但是人口却要受到损伤,旱得久了,白喉,流行性感冒等疾病自然容易上身,可是想恣意享受江南的冬景的人,在这一种冬天,倒只会得到快活一点儿,因为晴和的日子多了,上郊外去闲步逍遥的机会自然也多;日本人叫作 Hiking,德国人叫作 Spaziergang 狂者,所最欢迎的也就是这样的冬天。

　　窗外的天气晴朗得像晚秋一样;晴空的高爽,日光的洋溢,引诱得使你在房间里坐不住,空言不如实践,这一种无聊的杂文,我也不再想写下去了,还是拿起手杖,搁下纸笔,上湖上散散步罢!

这是一篇名家名作,主要以静写、细写来写江南的冬景。除了前面所说的对比之外,主要是从想像上蘸着彩色的笔来画江南冬景。他还引用了雪莱的名句,把深情寄附在那饱含生气的江南的冬景上。

1.作者具体画了江南冬景的哪些景色?
2.说说这篇佳作妙在哪里?